एम. एफ़. हुसेन की कहानी अपनी ज़ुबानी

हिन्दी कैलिग्राफ़ी और लेआउट

राशदा सिद्दिकी

Published by M. F. HUSAIN FOUNDATION
11 Jolly Maker Apts., Bldg. # 3, 1st Floor
Cuffe Parade, Mumbai-400 005

FIRST EDITION 17TH SEPTEMBER 2002

ISBN : 978-93-5229-246-2

वितरक
वाणी प्रकाशन
फोन: 011–3273167, 3275710 फैक्स: 3275710

Price: Rs. 395

Printed by Avinash C. Gondal
at The Gondals Press, P-12 Connaught Place, N. Delhi-1.
Tel. 3369689, 3746584 Fax. 3366608

फ़ज़ीला बीबी
के नाम
मेरे छः बच्चों की मां
शफ़ाअत
शमशाद
रईसा
मुस्तफ़ा
अक़ीला
ओवेस

•

दादा की उंगली
पकड़े एक लड़का
मां दे गई नाम मक़बूल
और
बने फ़िरते हैं
एम-एफ़-हुसेन

मक़बूल की हुसेनी क़लम

जब हम एक लेखक की 'आत्मकथा' पढ़ते हैं, तो वह उन्हीं शब्दों के माध्यम से अपनी कहानी' कहता है जो उसने अपनी कविताओं, उपन्यासों में प्रयोग किए थे किन्तु जब एक चित्रकार या संगीतज्ञ अपने जीवन के बारे में कुछ कहता है तो उसे अपनी 'सृजन भाषा' से नीचे उतर कर एक ऐसी भाषा का आश्रय लेना पड़ता है, जो एक दूसरी दुनिया में बोली जाती है, उससे बहुत अलग और दूर, जिसमें उसकी 'कलात्मा' अपने को व्यक्त करती है। वह एक ऐसी दुनिया है, जहाँ वह है भी और नहीं भी; उसे अपनी नहीं, अनुवाद की भाषा में बात कहनी पड़ती है। हम शब्दों की खिड़की से एक ऐसी दुनिया की झलक पाते हैं, जो 'शब्दातीत' है - जो बिंबों, सुरों, रंगों के भीतर संचारित होती है। हम पहली बार उनके भीतर उस 'मौन' को मूर्तिमान होते देखते हैं, जो लेखक अपने शब्दों के बीच खाली छोड़ जाता है।

हुसेन की आत्मकथा की यह अनोखी और अद्‌भुद विशेषता है, कि वह 'अनुवाद' की बैसाखी से नहीं, सीधे चित्रकला की शर्तों पर, बिंबों के माध्यम से अपनी भाषा को रूपान्तरित करती है। ऐसा वह इसीलिए कर पाती है, क्योंकि उसमें चित्रकार हुसेन उस 'दूसरे' से अपना अलगाव और दूरी बनाए रखते हैं, जिसका नाम मक़बूल है, जिसकी जीवन-कथा वह बाँचते हैं, जिसने जन्म लेते ही अपनी माँ को खो दिया, जो इन्दौर के गली

-कूचों में अपना बचपन गुज़ारता है, बंबई के चौराहों पर फ़िल्मी सितारों के होर्डिंग बनाता है, कितनी बार प्रेम में डूबता है, उबरता है, उबर कर जो बाहर उजाले में लाता है, उनकी तस्वीरें बनाता है--- धूल-धुसरित असंख्य ब्यौरे, जिनके भीतर से एक लड़के की भोली, बेडौल, निष्छल छवि धीरे धीरे 'एम॰ एफ॰ हुसेन की प्रतिमा में परिणत होती है।

मक़बूल और हुसेन - इस आत्मकथा के दोनो ही सहयोगी लेखक हैं। जो कुछ मक़बूल के जीवन में घटता है, होता है, दुख, वासनाएं, तृष्णा और संघर्ष - उसे हुसेन अपने जीवंत बिंबों में रूपान्तीरत करते जाते हैं। मेरी समझ में हुसेन के चित्रों, शब्दों, ब्यौरों का जादू इस एक शब्द 'रूपांतरण' में समाहित किया जा सकता है। एक जादूगर की तरह कोई भी चीज़ उनके हाथों में आते ही अपना रूप बदल लेती है, काया--कल्प कर लेती है, रूसी गुड़िया की तरह उसके भीतर से अनेक लिलिपुटियन गुड़ियाएं एक के बाद एक नए आकारों में प्रकट होने लगती हैं। यह संयोग नहीं, हुसेन की आत्म-कथा अपनी प्राणवत्ता छोटे-छोटे ब्यौरें, तफ़सीलों में ग्रहण करती है। ज़रा देखिए उसकी शुरुआत, जैसे आप शब्दों के भीतर से फ़िल्म का कोई 'सीन' देख रहे हों :

> 'मिट्टी का घड़ा, चारपाई पर रखा. छत
> से लटकती लालटेन ख़ामोश। तीकए के
> नीचे किताब का चौदहवाँ पन्ना खुला, टीन
> के सन्दूक में बेजोड़ कपड़े----- गर्द के मैले
> रंग की नीली कमीज़, साइकिल की टूटी चेन
> मलमल का नारंगी दुपट्टा, बाँस की बाँसुरी

गुलाबी पतंग के कागज़ की पुड़िया में अंगूठी।'

बचपन की यह कच्ची स्मृतियाँ समय के साथ पकती जाती हैं और मुद्दत बाद यह लालटेन, यह घड़ा, मलमल का दुपट्टा आपको कभी हुसेन की किसी फ़िल्म, किसी पेन्टिंग, किसी कविता के भीतर दुबके दिखाई दे जाते हैं। ज़िन्दगी के प्रवाह में बहता हुआ कोई अदना-सा टुकड़ा, कोई भूला हुआ शब्द, कोई भोला-सा चेहरा विस्मृति के अंधेरे में ग़ायब नहीं होता, बरसों बाद खोए हुए मुसाफिर की तरह लौटकर हुसेन की वर्कशॉप में आश्रय पा ही लेता है।

एक पुरानी यहूदी कहावत है-'ईश्वर का वास तफ़सीलों में रहता है।' ईश्वर के बारे में यह सच हो न हो, हुसेन की कला का सच यही है। उनकी 'आत्मकथा' पढ़ते हुए जो चीज़ तुरंत आँखो को पकड़ती है, वह कोई भारी-भरकम विराट सत्य नहीं, वह छोटी, नगण्य, निरीह चीजें हैं, जिन्हें इतिहास और राजनीति किनारे छोड़ जाती है, पर एक कलाकार एक स्कूली बच्चे की तरह जेबों में भरकर ले आता है। कोई भी तफ़सील इतनी ग़ैर-ज़रूरी नहीं, जो हुसेन की आखों से ओझल हो सके-यहाँ तक कि बरसों बाद उन्हें यह भी नहीं भूला कि तीकए के नीचे किताब का चौदहवाँ पन्ना खुला था। रूसी-अमेरिकी उपन्यास-कार नाबोकोव ने एक महान कलाकार के लक्षण बताते हुए लिखा था। कि वह उस आदमी की तरह है, जो मकान की नवीं मंजिल से नीचे गिरता हुआ अचानक दूसरी मंजिल की एक दुकान का बोर्ड देख कर सोचता है-'अरे, इसके तो हिज्जे गलत लिखे हैं!' हुसेन क्या उससे कम हैं? एक जगह लिखते हैं,"यदि फ़िल्म बनाते

समय मैं शराब के गिलासों की शकल से संतुष्ट नहीं होता, तो तुरंत बाज़ार चला जाता था और इच्छा के अनुरूप गिलास ख़रीद कर ले आया करता था----"

शायद यही कारण है, कि हुसेन की 'आत्मकथा' अन्य चित्रकारों के पत्रों, डायरी, जर्नल्स से इतनी अलग दिखाई देती है; वह सीधे-सीधे अपने चित्रों के बारे में कुछ नहीं कहती। वह उनके जीवन में होने वाली घटनाओं, सुदूर देशों की की यात्राओं, खूबसूरत अविस्मरणीय लोगों की स्मृतियों और सबसे ज़्यादा खुद अपने भीतर की भूलभुलैय्यों में भटकने का लेखा-जोखा है। अजीब बात यह है, कि उसे पढ़ते हुए दुबारा से हमारे स्मृति-पटल पर वे चित्र जीवित होने लगते हैं, जिन्हें मुद्दत पहले हमने किसी गैलरी, किसी संग्रहालय, किसी प्रदर्शनी में देखा था। अतीत की धूल के ऊपर उठते हुए दिखाई देते हैं वे खिलौने, जो बरसों पहले कनॉट प्लेस की गैलरी में देखे थे, और तभी पहली बार हुसेन का नाम कानों में पड़ा था। याद आती है वह 'ज़मीन' जो आज भी राष्ट्रीय संग्रहालय में देखी जा सकती है, और यद्यपि आज भूल गया हूँ कि वह कौन सी प्रदर्शनी थी, जिसमें उस चित्र को देखा था, 'स्पाइडर अण्ड दि लैंप', जिसके चेहरे मुझे आज भी वैसे ही 'हॉंट' करते हैं, मानो वे उनकी आत्मकथा में से निकल कर अभी-अभी बाहर आए हों। अमृता शेरगिल के बाद शायद हुसेन पहले भारतीय चित्रकार हैं, जिनके चित्रों को अपने विशिष्ट अलगाव में याद किया जा सकता है, जैसे हम किसी लेखक की अलग अलग कृतियों को याद करते हैं, हुसेन की आत्मकथा पढ़ते हुए एक अद्‌भुद अनुभूति होती है। हम उनके चित्रों के माध्यम से उनके अतीत की ओर उन्मुख होते हैं, जबीक

हुसेन के अतीत में अभी उन चित्रों का जन्म भी नहीं हुआ था।

हुसेन का समय एक लीक पर (unilinear) अग्रगामी दिशा में नहीं चलता। वहाँ बहुत सी दिशाएं एक-दूसरे में गुंथी दिखाई देती हैं, विभिन्न कालखंडों का बहुआयामी 'कोलाज'। उनका अतीत कोई बीता हुआ 'विगत' नहीं है, वह एक नदी की तरह उनके वर्तमान के पाटों पर बहता है - सतत प्रवाहमान - जो कभी था, वह अब भी है, वहाँ कुछ भी नहीं बीता, न पंढरपुर की पोटली, न दादा की अचकन, न अपनी नई माँ के नंगे कोमल पैर, जो उनके घाघरे से बाहर निकल आज भी उन्हे चलती ट्रेन के डिब्बे में दिखाई दे जाते हैं; वह अपने दादा के इतने चहेते थे कि एक दूसरे के बिना रह नहीं सकते थे। जब छुटपन में किसी ने उनसे पूछा, 'तुम कहाँ से आए?' तो उत्तर देने में वह एक क्षण नहीं हिचकिचाए, 'दादा के पेट से'। हुसेन की दुनिया एक कार्नीवाल, एक उत्सव, एक मेला, एक सर्कस का मिला-जुला समारोह है - वहाँ सब कुछ संभव है।

समय की इसी उलटफेर के कारण हुसेन की 'आत्मकथा' चालू अर्थ में 'अतीत का संस्मरण' नहीं जान पड़ती। हुसेन अपने बचपन को नहीं याद करते, बल्कि स्वयं बच्चे की आँख से दुनिया को देखने लगते हैं, बीते को याद करने की बजाय उसे दोबारा से जीने लगते हैं और यह 'दुबारा' भी पहली बार की ताज़गी और टटकापन लेकर आता है, क्योंकि बीता समय अब इस 'बड़े बच्चे' की आँखों से एक नया समय जान पड़ता है --- सनातन और चिरंतन, जो कभी बूढ़ा, पुराना या बासी नहीं होता।

इसीलिए हुसेन की जीवनी को 'आत्मकथा' कहते हुए दुविधा होती है---'आत्म' इसीलिए नहीं, क्योंकि वह हुसेन के व्यक्ति में एकनिष्ठ न होकर निरंतर रामलीला के 'मुखौटों' के रंग-रंगीले वैविध्य में विभाजित होती दिखाई देती है - चाहे वह बचपन की जमना हो या टेलरमास्टर, निज़ामुद्दीन के शकूरा मिस्त्री हों या पोस्टमैन मोहम्मद नासिर। 'आत्म' का स्वरूप एक में नहीं अनेक में प्रतिबिंबित होता है--- सच्चे भारतीय अर्थ में शायद असली 'आत्म' यही है, एक होकर भी अनेक में दिखाई देता हुआ, जिसके मर्म को हुसेन ने पकड़ा है। इस 'आत्म' की कथा एक अनुक्रमणिक (linear) नियम के लगे-बँधे 'पैटर्न' में नहीं चलती, जहाँ समय की अपनी सीढ़ियों का सोपान हैं, एक बिन्दु से दूसरे बिंदु तक जाती हुई। हुसेन की आत्मकथा को हम एक व्यक्ति की कहानी की तरह नहीं, एक पेंटिंग की तरह देखते हैं, जहाँ सफ़े पलटने के बजाय सब तरफें एक साथ मौजूद हैं, एक के बाद एक नहीं, एक साथ एककालिकता (simultaneaty) में। यहाँ अनेक चेहरों की पोर्ट्रेट गैलरी एक साथ दिखाई देती है, न कहीं से शुरू होती हुई, न कहीं जाती हुई। कोई चेहरा, कोई दृश्य, कोई कथा अपने 'पूरेपन' में नहीं, खंडित टुकड़ों में दिखाई देती है; सिर्फ़ उड़ान की एक झलक, एक संकेत, रेत पर गड़े पदचिन्ह में ही कोई कला-सत्य अपनी स्मृति, अपना सौंदर्य, अपना स्वप्न पीछे छोड़ जाता है।

हुसेन 'सम्पूर्णता' (Perfection) से कभी आकर्षित नहीं होते, उसके पीछे नहीं भागते। सम्पूर्णता का मतलब है - अंत, समाप्ति, मृत्यु - जबकि हुसेन की कला का सत्य उसकी सम्पूर्णता में नहीं, उसके सातत्य में है, निरंतरता के प्रवाह में कोई चीज़ पूरी हो, कि अगली लहर का उन्मेष उसे आगे बहा ले जाता है।

आश्चर्य नहीं, जब राजस्थान की पृष्ठभूमि में अपनी फ़िल्म - 'थ्रू दि आइज़ ऑफ़ ए पेन्टर' - बनाने के लिए फ़िल्म डिवीजन के अधिकारी ने उनसे पूछा, 'फ़िल्म की कहानी क्या होगी?', हुसेन का उत्तर था, 'कोई कहानी, किस्सा नहीं, सिर्फ़ 'इम्प्रेशन्स'। सुर हो, लय हो, कुछ शक्लें, कुछ सूरतें - एक छतरी, एक लालटेन, एक राजस्थानी जूता। पास में खड़ी गाय---'

हुसेन की दृष्टि में हर चीज़ का अपना ओज है, अपना आलोक, अपना ईश्वरीय अक्स। चीज़ की उपस्थिति में ही उसकी पवित्रता निहित है - जैसे अस्तित्व में इबादत हो और इबादत में उसका अर्थ। 'लोगों की आम आदत है कि लालटेन को देखने की बजाए चारों ओर उसकी मौजूदगी की वजह ढूंढते हैं। वह जल रही है तो रात, वह बुझी है तो दिन। यह कोई नहीं देखता कि लालटेन किस नाज़-ओ-अदाज़ से ज़मीन पर टिकी है, उसके पेंदे की गोलाई से उठती दो संतुलित बालें के बीच धरी शीशे की चिमनी--- गुम्बद की गोलाई और सम्पूर्ण ब्रह्माण्ड का सिमटा हुआ उजाला।

यह हुसेन हैं, जो सिमटे हुए उजाले में सारा ब्रह्माण्ड देख लेते हैं। उनके लिए सुन्दरता उसमें नहीं है जिस का कोई प्रयोजन है, वह खुद उसके होने में है, चाहे वह आकाश में उड़ते हुए पहाड़ ले जाते हुए हनुमान हों या - दो पहियों की साइकिल पर सवार हुसेन। साइकिल का जादू क्या पहाड़ की भव्यता से कम है? देखिए उनकी साइकिल स्तुति:

'साइकिल की सीट इन्सानी मुखड़ा। हैंडल दो बाँहें, पैडल दो पैर--- लड़का (हुसेन खुद) पीछे कैरियर

पर सवार साइक्लिंग किया करता – जैसे
पूरी साइकिल उसकी गोद में हो या लड़का
साइकिल की गोद में। यह नहीं कह सकते,
कौन किसे गोद में लिए प्यार कर रहा है।'

प्यार की यह पहेली वह केन्द्रबिन्दु है, जिस के चारों ओर हुसेन का संसार घूमता है---वहाँ स्त्रियों के प्रति अनुराग प्रकृति के एक अभेद्य रहस्य, एक प्रच्छन्न राग की तरह अनुगूंजित होता रहता है; हुसेन के यहाँ कुछ भी निषिद्ध नहीं है – वहाँ बड़े छोटे, ऊँच-नीच, पाँच सितारा होटल के गलियारे और निज़ामुद्दीन के ढाबों से उठता धुआं – किसी के बीच कोई भेद, कोई अन्तर नहीं रहता। उनके लिए 'आधुनिकता' का मर्म जीवन के प्रति इस सूफियाना दृष्टि में ही सन्निहित है, वह बाहर पश्चिम से आयातित हो कर नहीं आता। एक बार हैदराबाद के ढाबे में समाजवादी नेता राममनोहर लोहिया से बहस करते हुए हुसेन ने आधुनिकता की बिल्कुल निराली परिभाषा खोज निकाली। निराली और ठेठ, शुद्ध भारतीय परिभाषा। 'मॉडर्न आर्ट का एक मज़ेदार पेचीदा पहलू यह है कि देखने वाला अपनी मर्ज़ी और मिज़ाज में तस्वीर को ढालने का हक़ रखता है--- एक लिहाज़ से माडर्न आर्ट का मिज़ाज अमीराना नहीं 'डेमोक्रेटिक' है। जैसे कि देखने में व्यक्तित्व शहाना हो, लकीरों का तनाव खुद्दारी का ऐलान करता हो, रंगों की शोखी स्वाभिमान से सम्पूर्ण हो।'

लोहियाजी कुछ देर हुसेन को देखते रहे – आधुनिक कला का यह लोकतांत्रिक, लोक पक्ष उन्होंने पहली बार देखा था। उन्होंने उनकी पीठ थपथपाई और उत्साह में आकर

बोले, 'यह तो ठीक है, लेकिन यह जो तुम बिरला और टाटा के ड्राइंगरूम में लटकने वाली तस्वीरों के बीच घिरे हो, इनसे बाहर निकलो। रामायण को पेन्ट करो। इस देश की सदियों पुरानी कहानी है--- गाँव गाँव इसका गूँजता गीत है, संगीत है-- गाँव वालों की तरह तस्वीरों के रंग घुल-मिल कर नाचते-गाते नहीं लगते?'

जिस तरह आधुनिक कला की परिभाषा सुन कर लोहिया सकते में आ गए थे, उसी तरह रामायण के बारे में लोहिया का कथन हुसेन को 'तीर की तरह चुभ गया।' बरसों तक वह उसके बारे में सोचते रहे और लोहिया जी की मृत्यु के बाद उनकी स्मृति में बदरीविशाल पित्ती, जो लोहिया के मित्र और हिन्दी साहित्यिक पत्रिका 'कल्पना' के सुविख्यात संपादक थे- उनके मोती भवन को रामायण के लगभग डेढ़ सौ चित्रों से भर दिया। कोई दाम नहीं मांगा - सिर्फ़ लोहिया जी का मान रखा।

क्या यह अजीब विडंबना नहीं है, कि हुसेन के भीतर पहली बार जिस व्यक्ति ने भारतीय संस्कृति के महाकाव्यों - रामायण और महाभारत - के प्रति प्रेम जगाया था, वह एक नास्तिक समाजवादी हिन्दू थे- उनसे कितना अलग- जिन्होंने कुछ वर्षों बाद उसी 'संस्कृति' के नाम पर अहमदाबाद की गुफ़ा में उनके चित्रों को तहस-नहस कर डाला था!

हुसेन के जीवन में धर्म ने उसी तरह चुपचाप प्रवेश किया था, जिस तरह 'सौंदर्य' ने। बचपन में नाना

के प्रभाव से उनके भीतर धर्म, दीन, अध्यात्म के प्रति एक गहरी आस्था उत्पन्न की थी। क़ुरान की आयतें उन्हें ज़ुबानी याद थीं। उनके चित्रकार मित्र रामकुमार बताते हैं, कैसे मॉस्को के होटल के कमरे में एक रात उनकी नींद खुली, तो हैरत में देखा, हुसेन नमाज़ पढ़ रहे हैं। हुसेन उस अर्थ में 'धार्मिक कलाकार' नहीं हैं, जहाँ किसी मत या मसीहाई संदेश का अनुकरण किया जाता है। वह अनुकरण करते हैं, तो सिर्फ़ अपनी कल्पना का, जो सौंदर्य के हर आवास को 'पवित्र स्पेस' में परिणत कर देती है। 'तस्वीर का बुनियादी ढाँचा, एक ईंट, एक कदम से शुरू होता है - वह चाहे महाभारत हो या कर्बला।'

यह हुसेन के शब्द हैं, जिनके लिए एक चित्र की तीर्थयात्रा इसी एक क़दम, एक ईंट से शुरू होती है।

निर्मल वर्मा

नई दिल्ली

विषय सूची

कामना प्रसाद की कामनायें साथ हैं

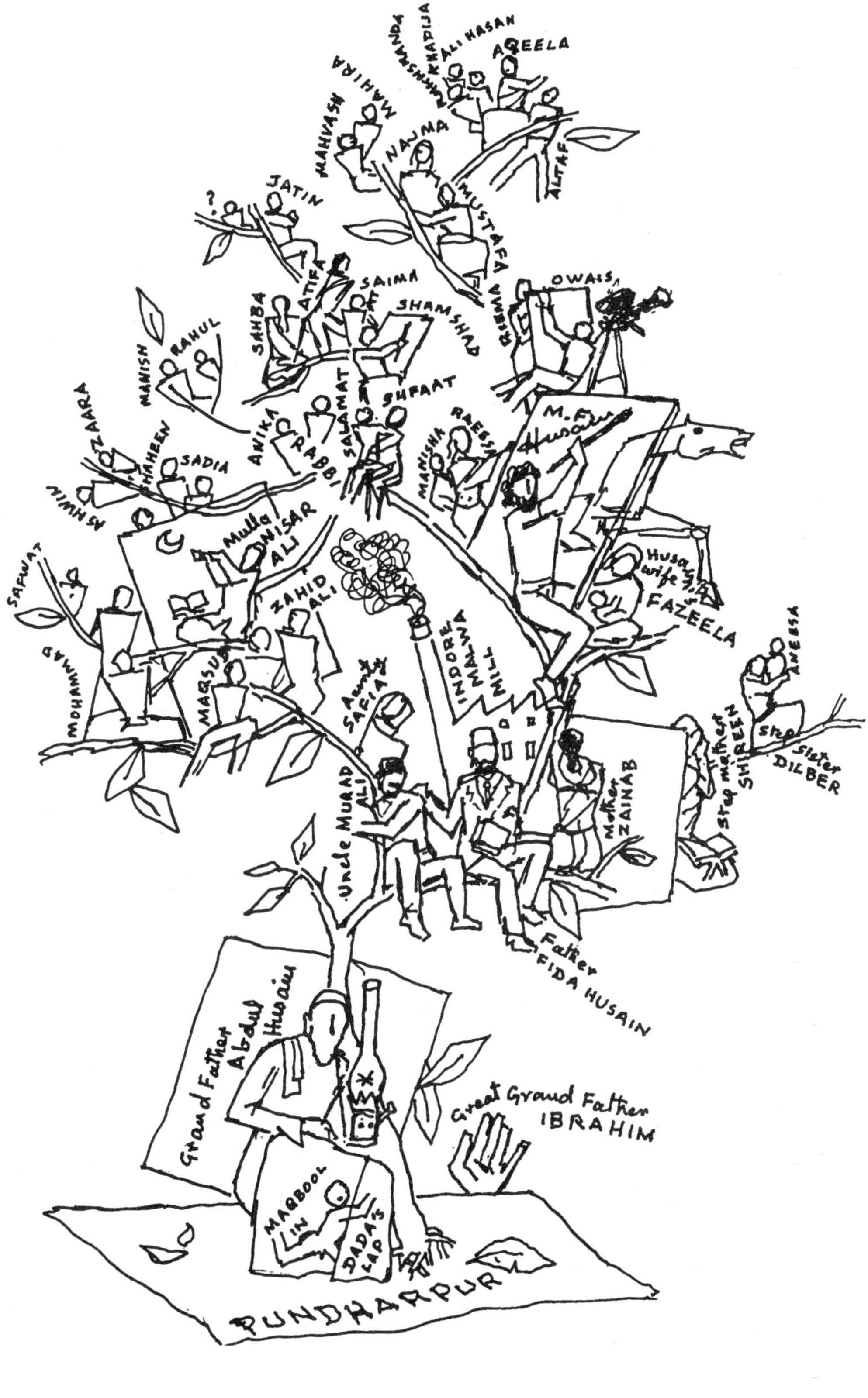
AQEELA
ALI HASAN
KHADIJA
MAHIRA
MAHVASH
NAJMA
MUSTAFA
ALTAF
JATIN
?
ATIFA
SAIMA
SAHBA
SHAMSHAD
REEMA
OWAIS
RAHUL
MANISH
ZAARA
SHAHEEN
SADIA
ASHWIN
ANIKA
RABBI
SALAMAT
SHFAAT
MANISHA
RAEESA
M.F. Husain
Mulla NISAR ALI
SAFWAT
MOHAMMAD
ZAHID ALI
MAQSUD
INDORE MALWA MILL
Aunty SAFIA
Husain's wife FAZEELA
ANEESA
Step sister DILBER
Step mother SHIREEN
Mother ZAINAB
Uncle MURAD ALI
Father FIDA HUSAIN
Grand Father Abdul Husain
Great Grand Father IBRAHIM
MAQBOOL IN DADA'S LAP
PUNDHARPUR

एक दिन हुसेन ने...

एक दिन हुसेन ने अपनी आत्मकथा लिखने की ठानी, उनके जीवन के उतार चढ़ाव हैं ही इतने रोमान्चक। 1981 में उन्होंने अपनी 'आत्मकथा' पर पेंटिंग्स की एक सिरीज़ भी बनाई थी। 1915 में हुसेन का जन्म पंढरपुर, महाराष्ट्र के, एक तीर्थ स्थान में हुआ। जब वह एक साल के थे तो उनकी माता ज़ैनब का देहान्त हो गया। उनकी माँ ने न कभी कोई तस्वीर खिंचवाई थी न कोई आकृति हुसेन को याद, वह हुसेन जिन्होंने कितने ही चेहरों को अमर बना दिया। यह कमी हुसेन ने अपनी सारी ज़िन्दगी महसूस की है। हुसेन के दादा ने उनकी परवरिश की। पंढरपुर छोड़ कर वह इंदौर चले गए जहाँ हुसेन के पिता फ़िदा हुसेन को नौकरी मिली थी और यहीं से शुरु होता है मक़बूल फ़िदा हुसेन का सफ़र। वह चलते रहे छोटी बड़ी अड़चनों को पार किया, स्नेह और उलाहनों पर से गुज़रते चले। कठिन संघर्ष भी किया और पुरस्कार भी लिए लेकिन न रास्ता बदला न अपने मूल सिद्धान्तों को छोड़ा। एक बचपन अभी भी उनके अन्दर कहीं समाया हुआ है, जो उनकी आत्मकथा में नज़र भी आता है।

स्कूल में कविता लिखने का शौक़ था और अपना तख़ल्लुस भी रखा था 'हया' लेकिन फिर कैनवस उठा लिया। वह लिखते हैं अकसर अब भी अपनी पेन्टिंग के साथ।

हुसेन की इस आत्मकथा में एक मक़बूल है जो पेन्टर है और एक हुसेन हैं जो मशहूर हैं और अपनी एक ज़बरदस्त पहचान रखते हैं। दोनो साथ साथ चलते हैं और कई जगह वह दोनो एक दूसरे से बात भी करते हैं। हुसेन ने यह आत्मकथा बहुत सुन्दर शैली में लिखी है जिसमें एक कविता जैसी लय है इसीलिए कई जगह लिखते समय हमने उसे कविता का ही रूप दे दिया है। उनका 'माँ' पर लिखा गया वर्णन, हृदय को भेद कर निकल जाता है।'दादा की अचकन' में दादा की मृत्यु के बाद जो साया मक़बूल के ऊपर से उठ जाता है उस ख़ालीपन के अहसास को हम भी महसूस कर सकते हैं। अपने संघर्ष के दिनों की घटनाओं को अत्यंत सरलता से हुसेन ने सामने रख दिया है परन्तु उसे पढ़ कर एक मधुर पीड़ा का अनुभव होता है। इस आत्मकथा से हुसेन को समझने में ज़रूर मदद मिलती है लेकिन मक़बूल की व्याकुलता अभी भी जारी है और वह पेन्ट किए जा रहा है।

हुसेन ने 'अपनी कहानी अपनी ज़ुबानी' जब लिखनी शुरू की तो वह जहाँ कहीं भी बैठे हों बस लिखते रहते। चाहे वह सुबह चाय के ढाबे में हों कुल्हड़ की चाय पीने के लिए या फ़ाइव स्टार की कॉफी शॉप में और चाहे वह प्लेन में सफ़र कर रहे हों (जो वह बहुत करते हैं और करना पसंद भी करते हैं।) उन्हें बहुत सुबह उठने की आदत है लेकिन कभी कभी तो

वह तीन बजे सुबह ही उठ बैठते और लिखने लगते। वैसे यह उनकी प्रकृति है जब वह किसी काम को करने की सोचते हैं फिर उसे ख़तम करके ही छोड़ते हैं अधूरा कभी नहीं छोड़ते इसीलिए हुसेन की आत्मकथा लिखी गई थी, पेपर नैपकीन पर टेबल मैट पर, चिट्ठी के पीछे की ख़ाली सतह पर, लिफ़ाफ़ा खोल कर बनाए गए पर्चों पर और जो अच्छे काग़ज़ों पर लिखी जाती थी वह भी पुलिंदा बन कर जेब से निकलती। अकसर वह जो लिखते दोस्तों में बैठ कर पढ़ कर सुनाते भी थे, महफ़िल में छा जाने का एक शौक़ रखते हैं वह। फिर एक दिन सब काग़ज़ हमने इकट्ठा किए, अध्याय से अध्याय मिलाया पर्चे से परचा जोड़ा। वह बहुत ही सुन्दर लिखी गई थी। लिखाई तो है ही उनकी ख़ूबसूरत, फिर ज़ुबान शायराना, बयान का अंदाज़ निराला। हमने उसे हाथ से लिख कर एक किताब का रूप दिया। हुसेन की बनाई हुई ड्राइंग्स को कहानी के साथ जोड़ कर उसे सजाया। लिखाई में अगर कहीं ग़लती हो तो आप से और हुसेन से हम क्षमा याचक हैं।

राशदा सिद्दिक़ी

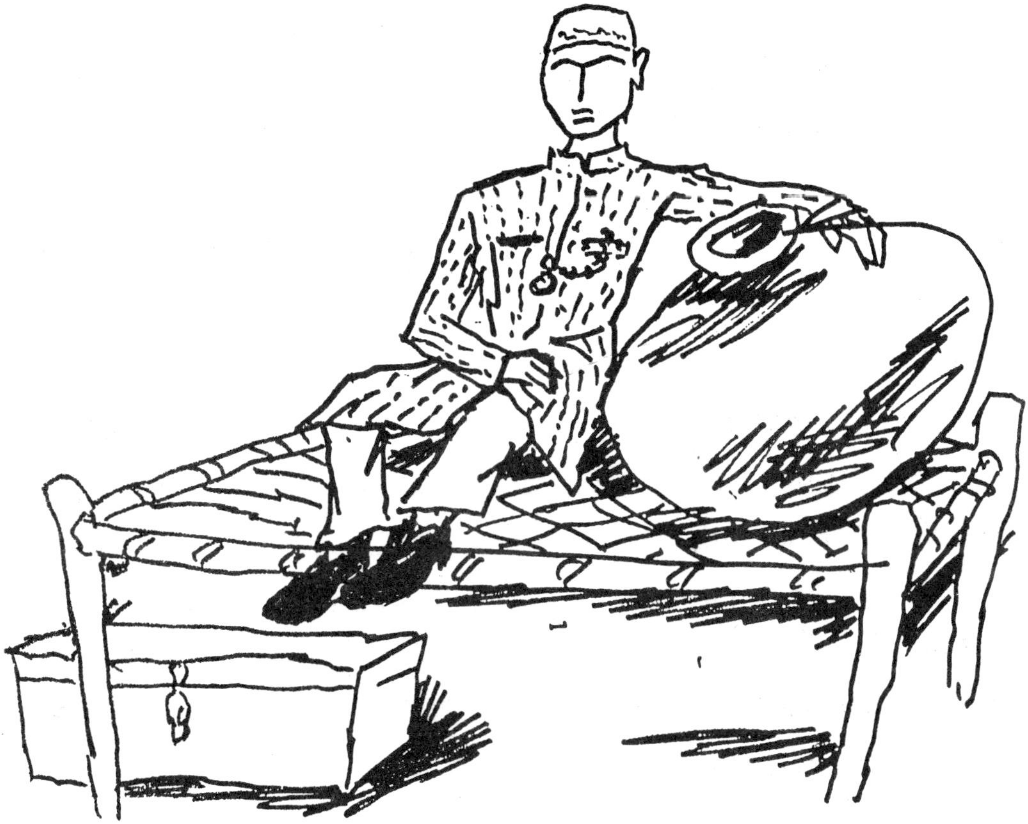

मिट्टी का घड़ा बोल उठा

मिट्टी का घड़ा, चारपाई पर रखा। छत से लटकती लालटेन ख़ामोश। तीकए के नीचे दबी किताब का चौदहवाँ पन्ना खुला। टीन के सन्दूक में बेजोड़ कपड़े और बेतुकी चीज़ें। मर्द के मैले रंग की नीली कमीज़, लड़के की ख़ाकी निकर। मलमल का नारंगी दुपट्टा, साइकिल की टूटी चेन। बाँस की बाँसुरी, गुलाबी पतंग के कागज़ की पुड़िया में अँगूठी। मिठाई का डिब्बा, ताज्जुब चींटी नहीं। कमरे का किवाड़ खुला, कुंडी हिलती नज़र आई, अभी अभी

कोई बाहर गया है। सामने की गली में ही होगा। यह देखो कोई आ रहा है, कोई और है शायद, अभी जो गया था वह इतनी जल्दी कैसे लौट आया वरना जाता ही क्यों?

घुप्प अँधेरा, नुक्कड़ की मिट्टी के तेल की झुग्गी बंद, पुरानी रद्दी की दुकान बंद, जहाँ से 'इन्द्रसभा' किताब की जिल्द हाथ आई। कहाँ साइकिल पंचर-वाला कहाँ बैंडमास्टर के गाजे बाजे, बीच में बाँसुरी। अरे! यह कौन घुसा आ रहा है? आने वाले के हाथ में टार्च है। चलो हम और तुम चारपाई के नीचे घुप जाएँ और एक ही वक्त में यह आने जाने वाले कौन हैं, इस पहेली को हल कर लें। तीकए के तले दबा 'इन्द्रसभा' के चौदहवें पन्ने पर रुका नाटक, साइकिल की टूटी चेन क्यों? जब घर में साइकिल ही न हो। जाने वाला हमेशा ताँगे से रेलवे स्टेशन आया

जाया करता। मालगाड़ी का एक डिब्बा पैसेंजर ट्रेन से लगा, सियाह बुर्क़े पहने चार औरतें डिब्बे से ताँगे में और ताँगा शहर की 'मछली कमान' की गलियों में। सवारियाँ न मालूम कहाँ कहाँ उतरीं। ताँगा घर लौटा, जानेवाला नही लौटा।

अब आने वाले को देखिए, हाँलाकि एक ही लम्हे में एक गया दूसरा आया। हाथ में टॉर्च होने के बावजूद क्यों एक दूसरे को नही देख पाए, चलो मिट्टी के घड़े से पूछें, उसका मुँह खुला है, पेट में बात कैसे छुपी रहे।

सदियों की तारीख़ और तहज़ीब के ख़ज़ाने इन्ही मिट्टी के घड़ो में दफ़न भी हो जाएँ तो वक़्त की कुदाली उन्हें ज़मीन की तह से खोज निकालती है। फिर टुकड़ा टुकड़ा गवाह बन कर बीते रीति रिवाज के मुजरिमों की पहचान कराता है। दोनो चारपाई के नीचे बैठ कर पेंदे में गुदगुदी करने लगे। घड़े का मुँह तो खुला ही था, मिट्टी का घड़ा बोल उठा, बोल उठा, बोल उठा।

'बा' और 'मा'

पंढरपुर, महाराष्ट्र का एक पवित्र तीर्थ स्थान है, जहाँ बिठोवाजी के मंदिर में लाखों लोग दूर दूर से दर्शन के लिए आते हैं। गलियों बाज़ारों में इतनी भीड़ कि चलना मुश्किल। सजी बैलगाड़ियों में औरतें बच्चे लदे हुए। मर्दों के सिरों पर घड़ों की तरह धरी तरह तरह की, लाल पीली, नारंगी पगड़ियाँ। कोरे कलफ़दार कपड़ों की धोतियाँ। औरतें गहरे रंग की मराठी साड़ी पहने, कस कर बँधी सोलह हाथ लम्बी, लेकिन खूबसूरती से एक टाँग आधी खुली।

इसी मेले की तैय्यारी में अब्दुल अपनी तेल के चिराग़ों की छोटी सी दुकान को और चमका देते। पतरे की बत्तियाँ आयने के टुकड़ों जड़ी, किसी में छोटी छोटी जार्ज पंचम और गामा पहलवान की सूरतें चिपकीं। उन तमाम लालटेन और बत्तियों के बीच एक बड़ा दिया छत से लटका झूलता, जिस पर बिठोवाजी की मूर्ति छपी होती। हर साल इस मेले के महीने में अब्दुल के चिराग़ खूब बिकते और आस पास के गाँव और बस्तियों को चिराग़ाँ कर देते।

अब्दुल अपने छोटे परिवार के साथ बुधवार पेंठ की एक तंग गली में, दो कमरों के मकान में रहता था। उस के दो लड़के थे, फ़िदा और मुराद, एक लड़की

थी सलीमा। बड़े लड़के को जैसे तैसे पढ़ाया। अपने चिराग़ों से दूसरों के घर रोशन किए मगर खुद अपने घर में तेल की कमी से रात के दिये बुझे रहते। बड़े लड़के फ़िदा को मैट्रिक के इम्तहान की पढ़ाई रात सड़क के लैंपपोस्ट के नीचे करनी पड़ती।

छोटा लड़का मुराद, किताबों से ज़्यादा अपने बाज़ू के बलबूते पर पहलवानों से टक्कर लेता। उस ज़माने में 'रुस्तमे जहाँ' गामा पहलवान की हर घर में चर्चा थी। एक दिन फ़िदा ईम्तिहान का आख़िरी पर्चा देकर घर लौट रहा था, तो रास्ते में मुराद मिल गया। दोनों भाई आपस में मिली जुली मराठी में बातें करने लगे कि अपने बाप की मदद कैसे की जाए।

मुराद को फ़िदा के बीच में अंग्रेज़ी लफ़्ज़ घुसेड़ने की आदत बुरी लगती। उसने जवाब में फिदा की अंग्रेज़ी की गिटपिट पर मुँह चिढ़ाते हुए कहा।

मुराद -----"अबे, फ़िदा तुला कारए अड़चन, सरल मराठी बोलने को। हा, अंग्रेज़ी की ऐसी की तैसी। तुम अता मैट्रिक पास करने को है। नौकरी मिलेल नाहीं, छान पोरी नको मिलने की। इत्ते बरस किताब के पीछे पड़ा रहा, किसी पहलवान को अखाड़े में पछाड़ा क्या?"

फिदा ----"तू अखाड़े का शेर तो बनेगा, मगर तेरी पीठ पर सवारी कौन करेगा, डू यू नो? औरत। तेरी पहलवानी फ़ेल हो जाएगी, जब तेरी बीवी तुझ पर चढ़ कर बैठेगी, तो क्या सीन होगा।"

मुराद ---"अता रहने दे मज़ाक, बाप ने दिन रात काम करके अपन को पाला, तुम को मैट्रिक पढ़ाने के लिए पैसे कमाए और बरोबर तू पढ़ने

में पहलवान निकला। बाप को खुश रखना है; 'देवाजी शपथ,' मी तुझा साठी जान दे नार, तू मेरा एकच भाई।"

फ़िदा - - - - - - "चल मुराद, गप्प बस। बाप को आराम से बिठाकर अल्ला अल्ला कराएँ। हम दोनों नौकरी ढूँढे मगर मुराद मेरा दिल चाहता है बिज़नेस करूँ। संस्कृत में एक कहावत है - 'उत्तम खेती, मध्यम बान, अधम चाकरी, भीख निदान।' खेती तो ड्रीम है और बिज़नेस के लिए बाप के पास पैसे कहाँ? इस लिए नौकरी ही सही।"

फ़िदा को नौकरी मिली, मज़दूरों की हाज़िरी, ग़ैरहाज़िरी और उनकी मज़दूरी का हिसाब। मुराद की

चली छोटी सी दुकानदारी। बहन सलीमा के लिए आया बड़ौदा के नाज़िर का पैग़ाम। अब दादा अब्दुल चले फ़िदा और मुराद की दुल्हनें ढूंढने। फ़िदा की दुल्हन, पंढरपुर नदी किनारे की पाँच बहनों वाली ख़ूबसूरत ज़ैनब। बाद में बनी मुराद की दुल्हन उसी मोहल्ले की सोफ़िया।

कुछ वक़्त गुज़रा, एक रात फ़िदा कहीं काम की वजह से घर देर से लौटा। दाएं कमरे की कुंडी खटखटाई। अन्दर से ज़ैनबबीबी ने पूछा - "कौन है रे बा ?" बाहर फ़िदा ने जवाब दिया - "तेरा मर्द हूं रे मा।" यह एक दूसरे के 'बा' और 'मा' की तकरार में टपक पड़े मक़बूल, ब्याह के ग्यारहवें महीने, शायद ग्यारहवीं शरीफ़ का दिन होगा, बस पैदा हो गए।

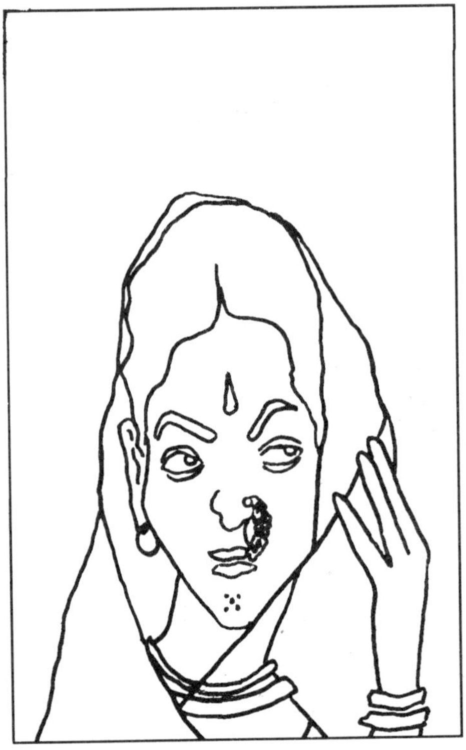

माँ

मक़बूल की माँ
क्यों अपनी कोई निशानी
नही छोड़ गई? क्या बेटे
को इस दुनिया में छोड़
जाना ही काफ़ी समझा?
क्यों बाप के जूतों में
खड़ा कर उसे आँसू भरी
आँखों से देखा करती?
कितनी तमन्नाएँ होंगी?
सब अपने साथ ले गई।

बेटा आज भी, जहाँ कोई मराठी साड़ी इधर उधर पड़ी नज़र आए, तो उसकी हज़ारों तहों में माँ को ढूँढने लगता है। ढूँढता है वह माँ का चेहरा, जिस की दो आँखो में न मालूम कितने ख़्वाब डूबे। ढूँढता है वह साँस जिसमें बच्चे के सारे बदन की भीनी खुशबू खिंच कर कलेजे के अन्दर समा गई और बाहर न निकल सकी। कहाँ हैं वह होंठ? वह माँ की मोहब्बत का ज्वालामुखी? वह ममता के जिस्म के हर पोर से उबलता बेपनाह प्यार का लावा, शायद लड़के की यही अन्दरूनी कराहती चिन्गारी दरबदर मारी मारी फिर रही है। दुनिया का कोना कोना छान मारा, जंगल बयाबाँ के नक़्श को कुरेदा।

यही कराहती चिन्गारी इन्सानी तहज़ीब की गुफ़ाओं मे गई। जमाले अजन्ता की अप्सराओं से मिली। मोहनजोदारो की ज़मीन में दफ़न टूटे बरतनों को टटोला। करबला की तपती रेत पर उँगली से 'इब्नेज़ैनब' लिखा। नमरुद की नेफ़रीती से पूछा। डिमेलो की 'वीनस', माइकलएंजेलो की 'पीयेता' लियोनार्डो दा विंची की 'मोनालीसा' यहाँ तक कि पिकासो की 'मादमोज़ेल द आविन्यों' से मिलने में नहीं घबराई। आर्ट की तारीख़ में कई पेन्टर्स ने अपनी माँ को कैनवस और कागज़ पर चित्रित करके, अमर ज़िन्दगी से परे, एक ऐसी आत्मा की परछाई के वजूद को मनवाया जो सारी सृष्टि का सार है। ख़ुदा की रचना का तन्हा राज़।

विसलर ने अपनी माँ का, कमरे के कोने में काला लिबास पहने ख़ामोश रात के रंग में, पोर्ट्रेट पेन्ट किया। रेमब्राँ ने हाथ में चिराग़ उठाए एक औरत की पेन्टिंग बनाई, जो उसके बेटे की माँ बनी। वैनगो ज़रूर अपनी माँ को उस दहकते सूरजमुखी के खेत में बिठा कर बेशुमार पोर्ट्रेट बनाता मगर क्या करे, लोगों ने उसे दीवाना ठहरा कर पागलख़ाने में बंद कर दिया।

आख़िर यह बिना माँ का बच्चा मक़बूल क्या करे, माँ की शकल ही याद नहीं। क़ुदरत का यह क्रूर मज़ाक देखिए कि डेढ़ बरस की उमर तक बच्चा जब माँ को ठीक से पहचानने लगे तो उसी वक़्त माँ की मौत हो जाए और फिर बच्चे की आँखों से माँ के सारे नक़ूश मिट जाएँ।

वह आधी रात गए माँ के लड़खड़ाते क़दम कहाँ गए, जिन्हें अपने बीमार बच्चे के बिस्तर के चारों तरफ़ सात चक्कर लगाने के लिए उठाए। वह हाथ कहाँ गए जो दुआ के लिए उठे कि उसकी उमर बेटे को लग जाए।

सन् 1979 के क़रीब कलकत्ता की एक मद्धम रोशनी वाली गली में एक बुज़ुर्ग औरत सफ़ेद साड़ी पहने बड़ी विनम्रता से पैदल जा रही है। पैर में रबर की चप्पल, बग़ल में छोटे मूठ की छतरी मामूली सी। गर्दन झुकी साथ दो चार औरतें, दो की गोद में दूध पीते बच्चे लेकिन

औरतें माँ नहीं लगतीं। सब की साड़ियाँ सफ़ेद। सिर ढँके। पूरी आस्तीन का कमर तक ब्लाउज़। बुज़ुर्ग औरत गली कूचों में रुक रुक कर औरतों, बच्चों से नरम लहजे में बातचीत बंगला ज़बान में करती, जो उसकी मातृभाषा नहीं।

मक़बूल भी वहीं कहीं गलियों में, स्केच बुक बग़ल में दबाए गुज़र रहा था। इस फ़रिश्तानुमा बुज़ुर्ग औरत को दूर से देखा, आहिस्ता आहिस्ता उनके पीछे चलना शुरु किया। चलता ही रहा महीनों चलता रहा। कलकत्ता की तमाम गुमनाम बस्तियों को पहचाना, दुःखी औरतें, अनाथ बच्चे, बेघर बर्तन, थके मुर्दा जिस्मों को उठाए चारपाइयाँ।

एक फटी पुरानी साड़ी हवा के झोंके से रेंगती मक़बूल के पैरों में जा उलझती है। साड़ी बहुत पुरानी शायद साठ सत्तर साल पुरानी। जाने किन किन औरतों ने अपने जिस्म पर डाला हो। हो सकता है पंढरपुर में ख़रीदी गई हो, इंदौर की नदी किनारे लहराई हो। किस किस धोबी घाट पर धुली, कहीं फटी कहीं सिली। आख़िर ख़ैरात में ग़रीबों में बाँट दी गई। एक ग़रीब बच्चे की माँ जिसका दूध सूख गया है, एक रात अपने बिलबिलाते बच्चे के गले में दो घूँट दूध उतारने के लिए वह फटी साड़ी पचास पैसे में कलकत्ता के चोर बाज़ार के पुराने कपड़े वाले के यहाँ बेच आती है।

कलकत्ता 1980, दिसम्बर का महीना, चौरंगी रोड पर आलीशान टाटा सेन्टर। एम॰ एफ़॰ हुसेन की नुमाइश की शुरुआत। रंग बिरंगी साड़ियों में सजी बंगाली मोहिलाएँ, बिहारी बेगमात, पंजाबी तमतड़ाक की एक जमा भीड़।

तमाम पेन्टिंग्स में बार बार सिर्फ़ एक सफ़ेद साड़ी, सियाह बैकग्राउन्ड पर दिखाई देती। इन साड़ियों की सिलवटों में छुपे, ढँके, इधर, उधर, छोटे, छोटे यतीम बच्चों की झलक। सफ़ेद साड़ी में कोई इन्सानी जिस्म नहीं, किसी माँ का चेहरा नहीं। साड़ी के बार्डर पर नीलें रंग की दो धारियाँ। यह दुनिया की एक मशहूर देवी स्वरूप मदर टिरेसा। जिनकी पहचान चेहरा नहीं उनकी बेपनाह मोहब्बत है, उन बच्चों के लिए जिन से माँ की मोहब्बत छीन ली गई।

दादा की उँगली पकड़े एक लड़का

एक लड़का दुबला पतला अपने दादा अब्दुल की उँगली पकड़े चल रहा है। इंदौर की कच्ची सड़क पर कल्लू मियाँ का ताँगा रेंगता दिखाई देता है। शाम के चार बजे हैं, दिन ज़रा थक कर ठहरा सा लगता है। दादा अब्दुल अकसर अपने मोहल्ले के नालबन्द अच्छन मियाँ की दुकान पर जा बैठते। अच्छन मियाँ नाल को जलते कोयले से उतार कर चाय का पानी चढ़ा देते। लड़का दहकते कोयलों पर नाल का सुर्ख़ रंग राख में बदलते देख कर अपने दादा की भूरी अचकन में मुँह छुपा लेता। घोड़े के खुर से छिले हुए सफ़ेद टुकड़े काली मिट्टी पर इस तरह छा जाते जैसे, खोपरे की खुरचन।

अच्छन मियाँ उबलती हुई चाय मिट्टी के सकोरे में उड़ेलते हुए हमारे दादा से कहने लगे- "भई, अब्दुल, आजकल नालबन्दी का काम कुछ ठंडा चल रहा है। रेज़ीडेन्ट साहब के नाज़िर को ही ले लीजिए, कहाँ गईं उन की वह बग्घियाँ, दर्जन घोड़े, अब तो सुना है दो दो मोटर गाड़ियां हैं।" अब्दुल ने जवाब में कहा- "हाँ, अब यह गोरे लोग न मालूम इस देश में कितनी धूल उड़ाएँगे।

उधर नालबन्द अच्छन मियाँ का हथौड़ा उठा, ठका-ठक, इधर लड़के के दादा ने अपनी अचकन झटकी और घर की तरफ उठ खड़े हुए। लड़का हैरान कि यह गोरा कौन? कोयले का कालापन क्या? घोड़े की टाप क्या? और मोटर की पों पों क्यों?

नालबन्द अच्छन मियाँ और दादा अब्दुल का रिश्ता उस लड़के के लिए आनेवाले वक्त के रिश्ते की तरफ एक इशारा है। वह हिनहिनाहट है, वह नाल की खनखनाहट है। वह रिश्ता है घुड़सवारों का, वह रिश्ता है करबला के प्यासों

के लिए मशक उठाने वाले दुलदुल का। वह अश्वमेघ है लव और कुश का। वह बुर्राक़ है सबसे ऊँचे आसमान पर उड़ने वाला। आने वाले वक्त में यही लड़का चीन की 'हून डायनेस्टी' के टेराकोटा घोड़ों से गुज़रकर सेन्ट मार्को के सफ़ेद चट्टान से तराशे घोड़ों के झुंड में घिरा अपने बेलगाम ब्रश पर सवार बरसों सफ़र पर जुटा हुआ नज़र आएगा। लेकिन आज अस्सी साल बाद भी इस लड़के की ज़बान पर वही नालबन्द अच्छन मियाँ की चाय का मज़ा बाक़ी है। इसी चाय की तलाश में वक्त के दादा की छोटी उँगली पकड़े वह भटक रहा है। इंदौर की गलियों के ढाबे, दिल्ली की निज़ामुद्दीन बस्ती के चायख़ाने, लंदन की डेढ़ सौ साल पुरानी शेपर्ड मार्केट की कॉफ़ीशॉप, न्यूयार्क के आधी रात खुले टैक्सीवालों के अड्डे। प्राग के कार्लब्रिज के चारों तरफ़ का 'कवर्ना'। कलकत्ते के सरदारजी वाली गाढ़े दूध की चाय में डुबोई तंदूरी रोटी। बंबई के भिंडीबाज़ार वाली आधा कोप चाय 'मारामारी' यानि आधी चाय आधी कॉफ़ी। यह सिलसिला-ए-चाय व कप अब भी जारी है।

उन दिनों लड़के का किसी ने पता पूछना चाहा, ख़ानदान से जान पहचान करनी चाही इसलिए उसके घर के लोगों की गिनती करनी पड़ेगी क्योंकि घर वालों ने लड़के की पाँच साल की उमर तक किसी औरत से वास्ता ही नहीं रखा, यानि लड़के ने जब होश सम्भाला तो औरत नदारत, यहाँ तक कि उसकी माँ ने भी कभी तस्वीर नहीं खिंचवाई। बाप, दादा, चाचा, चचादादा, चचाज़ात भाई और वह

खुद छठे नम्बर पर। मोहल्ला मामूली हैसियत के लोगों का, जिसके चारों तरफ़ फ़िरंगी फ़ौज की छावनी। बायाँ पड़ोस शहर के काज़ी अब्दुल हमीद का, जिनकी तीन बीवियाँ पर क्या मजाल कि चूँ भी सुनाई दे। ताल्लुक़ जमाते सुलेमानी से जो सीधा यमन के पीरों और बुज़ुर्गों से जुड़ा हुआ। बाप दसवीं पास, ज़बान मराठी और कन्नड़। चचा अखाड़े के पहलवान

ख़ानदान की न कोई जान न पहचान बिल्कुल गुमनाम। बाप इंदौर की मालवा टेक्सटाइल मिल के टाइमकीपर और एकाउन्टेन्ट।

लड़के के घरवालों के नाम, रिश्ते, हुलिया और मिज़ाज से पहचान हो जाए तो उसके माहौल का अन्दाज़ा हो जाएगा, जहाँ लड़का पला बढ़ा। जब परवान चढ़ने का वक्त आता है, तब कैसे ज़मीन आसमान के बीच के फ़ासले उस लड़के पर असर करते हैं, हरकत की रफ़्तार तय करते हैं। उसने चार दीवारी के घिराव से अपने आप को बाहर रखा और दुनिया की समझ ज्योमेट्री से नहीं बूझी।

दादा अब्दुल हुसेन, इब्राहीम के बेटे। तेल के चिराग़ बनाने और लालटेन वग़ैरह दुरुस्त करने की पढंरपुर में छोटी सी दुकान। भूरे रंग की अचकन, सफेद दाढ़ी, सिर पर काले रंग की टोपी। बाप फ़िदा हुसेन सर करीमभाई की इंदौर मालवा टेक्सटाइल मिल में टाइमकीपर। कोट पतलून पर तिरछी लाल तुर्की टोपी, जार्ज पंचम जैसी काली दाढ़ी। मूँछों पर ताव। पहली बीवी ज़ैनब, लड़के की पैदाइश के बाद इन्तक़ाल कर गई। वह लड़का इस किताब के पन्नों में खेलता कूदता, हँसता रोता नज़र आएगा। रंग और बू में डूबता, हुस्न का पुजारी, लगातार इश्क की मार।

शीरीन, फ़िदा हुसेन की दूसरी बीवी,

लड़के की सौतेली माँ। शीरीन मीठी आवाज़ वाली, मीर, अनीस के मर्सिए पढ़ने वाली, धार्मिक विद्वान की बेटी, वतन सिद्धपुर, गुजरात। चचा मुरादअली, जवानी में अखाड़े के पहलवान और दुकानदार। पहली बीवी सोफ़िया, बिना औलाद गुज़र गई। दूसरी बीवी भी सोफ़िया नाम लेकर आई, वतन बड़ौदा, गुजरात। दादा के छोटे भाई मोहम्मद अली, जिन्हें घरवाले प्यार से काका कहकर बुलाते उन्होंने सारी ज़िन्दगी बड़े भाई और उनके बच्चों, और बच्चों के बच्चों की सेवा में गुज़ार दी। अपने एकलौते बेटे नज़र हुसेन की माँ की मौत के बाद आख़िरी दम तक दूसरी शादी नहीं की। छोटी दाढ़ी, बंद गले का कोट और मखमल की काली टोपी। मीलों पैदल

चलते, पीठ पर कोई न कोई बच्चा सवार या सामान लदा हुआ। नज़र हुसेन मक़बूल से छः महीने छोटे। नाटा क़द, फ़िल्मों में एक्टिंग करने की तमन्ना पूरी न हो पाई।

मोहम्मद अतहर शीरीन अम्मा के भाई, फ़िदा हुसेन के साले, नदवे (धार्मिक स्कूल) के विद्वान, मज़ाहिया शायरी में दख़ल, तख़ल्लुस 'अल्हड़'। लिबास मौलवियाना।

बाप की शादी में बेटा दीवाना

कान में पेंसिल फँसाए, कल्लों में पान की गिलौरी दबाए, कलाई में नापने का फ़ीता लपेटे, लालखाँ दर्ज़ी ने जूतियाँ दरवाज़े के बाहर रखीं और अन्दर आ कर पूछा - "नन्हे साहबज़ादे कहाँ हैं? उनकी अचकन का नाप लेना है।" फिर लड़के को देखकर बोले - "अब तो छः बरस के हो चले, अल्ला उमर-दराज़ करे।"

लड़के के वालिद जो टाइमकीपर साहब के नाम से मशहूर थे और जिनका बेटा वक्त की पाबंदी में बिलकुल नहीं रहा, आख़िर दूसरी शादी के लिए राज़ी हो गए। लड़का इसलिए खुश कि रेलगाड़ी में पहली बार लम्बा सफ़र करेगा। रेलगाड़ी सुबह इंदौर से चलकर रतलाम पहुँचेगी। प्लेटफ़ार्म पर गरमागरम पूड़ी आलू खाएँगे। लड़का सारी रात नींद में रेल की पटरियों की आवाज़ सुनता रहा। जब सुबह आँख खुली तो

दौड़ती ट्रेन का पीछा करता नारंगी सूरज, अँगड़ाई लेता खेतों का हरापन, दूर दूर तक मिलती बिछुड़ती पहाड़ियाँ, दरख़्तों में छिपे तोतों का झुंड, जो इंजन की छुक छुक से आकाश में छा जाता, जैसे हरा गुलाल बिखर गया हो। सिद्धपुर रेलवे स्टेशन पर गाड़ी रुकी।

लड़के के अब्बा यानि दूल्हामियाँ छैल छबीले बने डिब्बे से बाहर निकले। सफ़ेद कोट पतलून, बाँकेपन से सिर पर रखी तुर्की टोपी के फुँदने को बाईं तरफ झटका और अपने होने वाले ससुरजी के गले मिले। लड़के ने भी अपनी तुर्की टोपी को तिरछा किया लेकिन दादा की उँगली नहीं छोड़ी।

लड़कीवाले यानि लड़के की होनेवाली माँ का ख़ानदान बरातियों को लेने स्टेशन पर जमा था। लड़के ने प्लेटफ़ार्म पर तुर्की टोपियों का एक लाल झुंड देखा, उसे फ़ौरन तोतों के मँडराते झुंड का हरा रंग याद आया। तुर्की टोपियों का चलन उन दिनों तरक्की पसंद मुस्लिम घरानों में आम था। मुल्लाओं की जकड़ से दूर और कमाल अतातुर्क के रोशन ख़्यालात की निशानी, जिसके ज़बरदस्त आंदोलन ने मुसलमानों को नए ज़माने की दहलीज़ पर लाकर खड़ा कर दिया।

लड़के को अब तक फ़िल्म की रील की तरह अब्बा की शादी की रात का वह कमरा याद है, जहाँ सालियाँ सहेलियाँ, दूल्हा, दुल्हन को शाना बशाना बिठा कर छेड़ छाड़ कर रही थीं। कभी 'अंताक्षरी' तो कभी 'एका बेकी', दुल्हन दोनो मुट्ठियों में इमली के बीज कस कर बंद करती, एक मुट्ठी में एक बीज दूसरे में दो। दूल्हे से एकी वाले या बेकी वाले बीज

की मुट्ठी खुलवाई जाती, शर्त यह कि दुल्हन की मेंहदीवाले हाथों की उँगलियों पर नाख़ून से ख़राश न लगे और कुंवारेपन का राज़ हथेली पर न खुल जाए।

शादियाने बजे बग़ैर शादी हो गई।

सूफियाने रंग का रखरखाव, दूल्हे की सफ़ेद अचकन, वलीमे का

दस्तरख़्वान सफ़ेद, मौलवी का अमामा (पगड़ी) सफेद, दाढ़ी सफ़ेद। बचपन की नींद इतनी गहरी होती है शायद लड़के ने आधी रात का घटाघोप अँधेरा देखा ही न हो। सिर्फ़ उजाला ही उजाला, तमाम रंगों का हुजूम, बर्के तजल्ली (अध्यात्मज्योति) का आलम। बाप की शादी में बेटा दीवाना।

इंजन ने कूक लगाई और सिद्धपुर प्लेटफ़ार्म से डोली बना डिब्बा इंदौर के लिए चल पड़ा। लड़का अब खिड़की के बाहर दौड़ते चाँद, सूरज, गाँव, बयाबान नहीं देख रहा। उसकी टिकटिकी दुल्हन के खूबसूरत गोरे गोरे हाथों और सुर्ख़ लँहगे की गोट से झाँकते पैरों पर लगी है। बड़ी बड़ी आँखें नींद से भरे कटोरे, बोझल। झुका चेहरा। दादा की गोद में सामने बैठा लड़का, इतने करीब से और इतनी देर तक उसने किसी औरत को कभी नहीं देखा।

प्राइमरी स्कूल

खाकी वर्दी पहने चौकीदार स्कूल के दरवाज़े पर खड़ा है। हाथ में बजाने का घंटा है। स्कूल के हेडमास्टर की खिड़की से दीवार पर लटकती घड़ी टिक टिक करती दिखाई देती है। ज्योंही घड़ी ने एक बजाया, चौकीदार ने टनाटन घंटा बजाना शुरू किया। क्लास रूम से बच्चे गेंद की तरह उछलते कूदते प्लेग्राउन्ड पर छा गए। लड़का भागा, स्कूल के अहाते के कोने की तरफ़। वहाँ ठीक एक बजने में दो मिनिट पहले दादा अब्दुल बग़ल में रोटी सालन का डिब्बा दबाए अपने लाड़ले पोते को ढूँढ रहे हैं। खाने में जो भी पके चाहे बैंगन हो या भिंडी, आलू हो या गोश्त उसे घर में सालन ही कहा जाता, वजह यह कि शोरबा होना ज़रूरी था ताकि इतना बड़ा परिवार कम से कम रोटी डुबो कर खा सके।

रोज़ाना दोपहर की रोटी दादा पोते इमली के पेड़ के नीचे बैठ कर साथ खाते। लड़का अकसर दादा की नज़र बचा कर पेड़ से गिरी इमली मुँह में यूँ दबाता जैसे लड्डू। जब इमली की खटाई से लड़के की आँख मिंच जाती, तो दादा लड़के के मुँह में उँगली डालकर इमली बाहर झटक देते। घर में दादा पोते हमेशा दिन रात साथ रहते।

एक बार लड़के से किसी ने पूछा – "तुम किस से पैदा हुए?" उसने जवाब दिया – "दादा के पेट से।" उसने बाक़ी घरवालों से कोई वास्ता नहीं रखा। नई अम्मा शीरीन जब शादी के बाद सिद्धपुर से इंदौर आई तो अपने साथ अपने भाई मोहम्मद अतहर को भी लाई, भाभी भी साथ, फिर आया भाभी का भाई निसार, जिसने शीरीन अम्मा की छोटी बहन से निकाह पढ़वाया, बहन की मर्ज़ी के खिलाफ़ और घरजमाई बन बैठा। न काम, न काज बच्चे पैदा करता चला गया।

दादा अब्दुल जब तक ज़िन्दा रहे, सिर्फ़ अपने बच्चे के लिए जिए और किसी से उन्हें कोई लेना देना नहीं था। एक दिन दादा अब्दुल बग़ल में छतरी दबाए अपनी भूरी अचकन पहने बाहर से घर लौटे (लड़का जब भी दादा की भूरी अचकन देखता, उसे फ़ौरन वही दादा के जिगरी दोस्त अच्छन मियाँ नालबंद की

चाय याद आ जाती।) चार साढ़े चार बजे का वक्त होगा। लड़के ने सोचा शायद अच्छनमियाँ के यहाँ से लौटे हों। दादा ने जैसे ही दरवाज़े की चिक उठा कर क़दम अन्दर रखा, एक शोर, एक हंगामा उठा। बड़े विद्वान, डिग्रीयाफ़्ता मोहम्मद अतहर के किताबों वाले कमरे से, मालूम हुआ लड़के ने किताबों वाले कमरे में किसी को न पाकर किताबों के पन्नों पर बुर्राक़नुमा उड़ते घोड़े घसीट डाले। सर सैयद की घनी दाढ़ी में चिड़ियों का घोंसला बना दिया और लार्ड कर्ज़न की नाक में नथनी। अतहर मामू आग बबूला, किताबें बटोरी, लड़के को झिड़क कर बाहर निकाला। दादा अब्दुल चिक उठाए के उठाए रह गए। कुछ देर तक हाथ में थामे रहे। एक सकता सा छा गया। चिक को उखाड़ फेंका। घर में जो भी मौजूद थे, सब को हाज़िर किया

किताबें एक एक करके दरवाज़े के बाहर सड़क पर फेंकनी शुरू की और गरजती आवाज़ में कहा - "इस लड़के की लकीरें चाहे तेज़ खरोंच ही क्यों न हों, फ़न और फ़लसफ़े के पन्नों पर ही क्यों न हों, इस घर में किसी को हक़ नहीं कि लड़के पर कोई उँगली भी उठाए।" दादा फ़ौरन लड़के की उँगली पकड़े घर से बाहर निकल पड़े। छावनी चौक पर 'सालेहभाई कागज़वाला' की स्टेशनरी दुकान पर गए और ढेर सारे कागज़, पेन्सिल और रबर खरीद डाले।

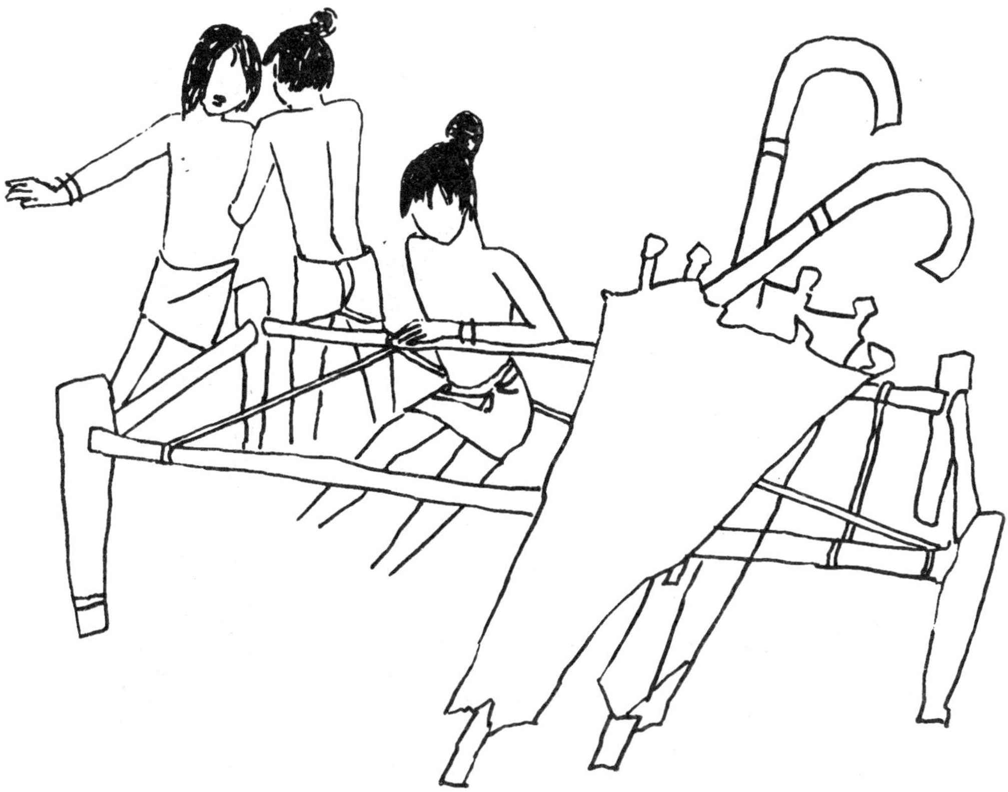

दादा की अचकन

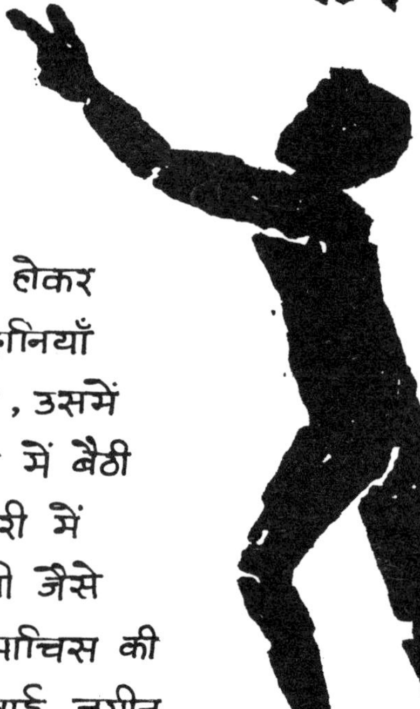

मक़बूल अब
दादा की अचकन की ऊपर
वाली जेब तक पहुँच गया है।
कमरे की खिड़की के पास खड़े होकर
गली में गुज़रती छोटी छोटी कहानियाँ
देखा करता। सामने का मकान, उसमें
रहते दो भाई एक भाभी। कोने में बैठी
माँ, जो देख नहीं सकती। कोठरी में
जितनी चीज़ें हैं, वह ऐसे उठाती जैसे
वह सब उसकी नज़र में हैं। माचिस की
डिबिया से ज्योंही एक दियासलाई ज़मीन
पर गिरती वह फ़ौरन ढूँढ लेती और दिया
जला देती। बायीं तरफ़ के मेहराब से 'आल्हा ऊदल'

की पोथी उतारती और दोनो बेटों के सामने रख देती।

भाभी झूठे बरतन बाहर लाकर मिट्टी से माँज रही है। बरतन के माँजने की आवाज़ शिन, शिन, क्रिच क्रिच। पानी भरी बाल्टी में गुटरगूँ करता डूबता उभरता लोटा। इस बर्तन और बाल्टी से पैदा होते इने गिने दो चार सुरों से एक सुर बनता है, जो 'अवाँगार्द' संगीत के माहिर जॉन केज की रचनाओं से कम नहीं।

जॉन केज का एक कॉनसर्ट, पेरिस का शानदार हॉल। 1970 का साल। सवा घंटे तक सिर्फ़ एक दफ़्तर का सीन। कॉरपोरेट ऑफ़िस के चेयरमैन कुछ नोट लिखते हैं, फाड़ते हैं। सामने डेस्क पर बैठी टाईपस्ट की टिप टिप करती उंगलियाँ और चेयरमैन की फूलती साँस की 'एम्पलीफाइड' आवाज़ें हॉल में गूँजने लगतीं हैं। तालियों की गड़गड़ाहट। लोग हॉल से बाहर, एक दूसरे से नज़र चुराते, ख़ामोश, अपनी अपनी शोफ़र ड्रिवन कारों में ग़ायब। यहाँ इंदौर का लड़का और पेरिस के एम. एफ़. हुसेन एक दूसरे से नज़रें नहीं चुराते।

लड़के ने एम॰ एफ़॰ हुसेन को याद दिलाया वह इंदौर का, दादा का कमरा। सामने खपरैल वाली छत के नीचे रहने वाले दो भाई, जो 'आल्हा ऊदल' की कथा ऊँचे स्वरों में गाते जब उनकी माँ पोथी के सामने दिया जलाती।

एम. एफ़. हुसेन अपने लड़कपन से मुख़ातिब हुए और कहा "यह मेरी खुशकिस्मती है कि शह

चलते कभी कभी दूर से दिखाई देते हो। बरसों हुए, मिल बैठने और बात करने का वक्त ही नहीं मिला। तुम्हारी बातें पंढरपुर की यादें, इंदौर की शरारतें, दादा का वह गली का नुक्कड़,

जहाँ उनके तेल के चिराग़ के धब्बों ने ज़मीन की मिट्टी को शायद अब तक गीला रखा हो। दादा का वह कमरा, जहाँ हम और तुम साथ रहे। वही खिड़की जहाँ से तुमने और मैंने बाहरी दुनिया को पहचानना शुरू किया, जानना शुरू किया। ऐ, मेरे दोस्त, मेरे लड़कपन हम दोनों ने पहचाना ज़्यादा, जाना कम। यह नहीं जाना कि दादा मौत के क़रीब पहुँचे, तो बिस्तर पर ख़ामोश क्यों लेटे हुए थे। तुम बाहर खेल रहे थे। तुम्हारे घरवाले दादा के

बिस्तर के चारों तरफ़ बैठे, कोई 'यासीन' का पाठ कर रहा था, कोई चम्मच से दो बूँद अनार का अरक़ दादा के गले में उतारने की कोशिश में लगा। किसी ने कहा, जान हलक़ में अटकी हुई है, फ़ौरन बाहर से पोते को ले आओ, यहीं कहीं खेल रहा होगा। तुम्हें अन्दर लाया गया और दादा के कमरे से घर वालों को दूसरे कमरे में जाने को कहा।

तुम अकेले अपने दादा के सिरहाने बैठे हो, टिकटिकी बाँधे दादा के चेहरे को देख रहे हो। उनकी बंद आँख के कोने से सिर्फ़ एक क़तरा आँसू का बाहर निकला।

धीरे से फिसल कर दाढ़ी के किनारे आ ठहरा। तुम्हारी नज़र उठी और दादा की काले बाल वाली टोपी पर पड़ी। वहीं दीवार की खूँटी पर लटकती भूरी अचकन जो अधखुली खिड़की से आती जाती हवा से हिल रही है और कह रही है 'कि दादा अब आखिरी बार मुझे पहन कर आहिस्ता आहिस्ता कमरे से हमेशा के लिए कहीं दूर चले जाएंगे। उस अचकन की बाँहों से निकलता हाथ नहीं दिखाई देगा, जिसकी उँगली पकड़े एक दुबला पतला लड़का चला करता।

बड़ौदा का बोर्डिंग स्कूल

मक़बूल अब लड़का नहीं रहा क्योंकि उस के दादा चल बसे। लड़के के अब्बा ने सोचा क्यों न उसे बड़ौदा के बोर्डिंग स्कूल में दाख़िल करा दिया जाए, वरना दिन भर अपने दादा के कमरे में बंद रहता है। सोता भी है तो दादा के बिस्तर पर और वही भूरी अचकन ओढ़े, जैसे दादा की बग़ल में सिमट कर सोया हो। घर में न किसी से बात न चीत, बस गुमसुम।

अब्बा ने फ़ौरन मक़बूल को चाचा के हवाले किया और हुकुम दिया कि "इसे बड़ौदा छोड़ आओ, वहाँ लड़कों के साथ इसका दिल लग जाएगा। पढ़ाई के साथ मज़हबी तालीम, रोज़ा, नमाज़, अच्छे आचरण के चालीस सबक़, पाकीज़गी के बारह तरीक़े सीख जाएगा।"

महाराजा सियाजीराव गायकवाड़ का साफ़ सुथरा शहर बड़ौदा। राजा मराठा प्रजा गुजराती। शहर में दाखिल होने पर 'हिज़ हाइनेस' की पाँच धातुओं से बनी मूर्ति, शानदार घोड़े पर सवार। 'दौलते बरतानिया' के मेडेल लटकाए, सीना ताने दूर से ही दिखाई देती है।

दारुलतुलबा (छात्रावास) मदरसा हुसामिया, सिंह बाई माता रोड, गेंडी गेट। तालाब किनारे सुलेमानी जमात का बोर्डिंग स्कूल। गुजरात की मशहूर 'अरक़े तिहाल' की ख्याति वाले, जी एम हकीम अब्बास तैयबजी की देख रेख में, जो नैशनल कांग्रेस और गाँधीजी के अनुयायी इसीलिए छात्रों के मुँड़े सिरों पर गाँधी टोपी और बदन पर खादी का कुरता पायजामा।

मौलवी अकबर धार्मिक विद्वान, कुरान और उर्दू साहित्य के उस्ताद। केशवलाल, गुजराती ज़बान के क्लास टीचर। स्काउट मास्टर, मेजर अब्दुल्ला पठान। गुलज़मा खान बैंड मास्टर। बावर्ची गुलाम की रोटियाँ और बीवी नरगिस का सालन गोश्त।

मक़बूल इसी बोर्डिंग के अहाते में छोड़ा जाता है। यहाँ उसकी दोस्ती छः लड़कों से होती है, जो एक दूसरे के क़रीब हो जाते हैं। दो साल की नज़दीकी तमाम उमर कभी दिल की दूरी में बदल नहीं पाई। हाँलाकि हरएक अलग अलग दिशाओं में बंटे, छः टीले और बहाने हुए। एक डभोई का अत्तर व्यापारी बना तो दूसरा सियाजी रेडियो की आवाज़। एक

बना कराची का नागरिक, तो दूसरा मोती की तलाश में कुवैत पहुँचा। एक पहुँचा बंबई और अपना कोट पतलून और पीली धारी की टाई उतार फेंकी, अबा-क़बा पहन मस्जिद का मेम्बर बना। एक उड़ने वाले घोड़े पर, पैर रकाब में डाले बना कलाकार और दुनिया की लम्बाई चौड़ाई में चक्कर मार रहा है।

यह पाँच दोस्त -

मोहम्मद इब्राहीम गौहर अली – डभोई के अत्तार, छोटा क़द ठहरी हुई नज़रें। अम्बर और मुश्क के अत्तर में डूबे, गुणों के भंडार।

डाक्टर मुनव्वरी का लड़का अरशद – हमेशा हँसता चेहरा। गाने और खाने का शौकीन। भरा लेकिन कसा पहलवानी जिस्म।

हामिद कंबर हुसैन – शौक़, कुश्ती और दंड बैठक, खुश मिज़ाज गप्पी, बात में बात मिलाने में उस्ताद।

चौथा दोस्त अब्बासजी अहमद - गठा जिस्म, खुला रंग, कुछ कुछ जापानी खिंची सी आँखे, स्वभाव से बिजनेसमैन, हँसने का अंदाज़ दिलकश।

पाँचवा अब्बास अली फ़िदा – बहुत नरम लहजा, चेहरे पर ऊँचा माथा, वक्त का पाबंद, ख़ामोश तबियत, हाथों से किताब शायद ही कभी छूटी हो।

मदरसे का सालाना जलसा, मुगलवाड़े के मशहूर फ़ोटोग्राफ़र लुकमानी ट्राइपॉड पर रखे कैमरे पर काला कपड़ा ढँके, जैसे उसके अन्दर घुसे जा रहे हों। सिर्फ़ ख़ास

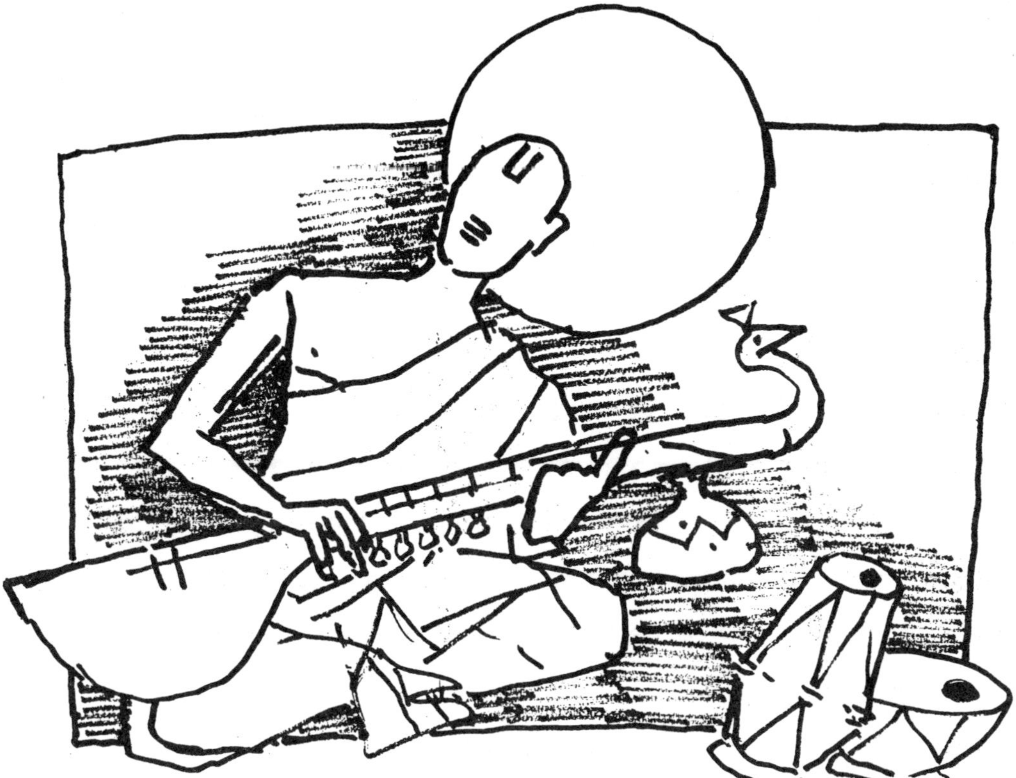

मेहमानों और उस्तादों का 'ग्रुप फ़ोटोग्राफ़' खींचा जा रहा है। दूर लड़कों की भीड़ में खड़ा मक़बूल मौके की तलाश में है। जैसे ही लुकमानी ने फोकस जमाया और कहा 'रेडी' मक़बूल दौड़कर ग्रुप के कोने में खड़ा हो गया। इस तरह उस्तादों के बिना इजाज़त उसने अपनी कई तस्वीरें खिंचवाईं।

मक़बूल ने खेल कूद में हिस्सा लिया, हाई जंप में पहला ईनाम, दौड़ में फिसड्डी। जब ड्रांइग मास्टर मोहम्मद अथर ने ब्लैकबोर्ड पर सफ़ेद चॉक से एक बहुत बड़ी चिड़िया बनाई और लड़कों से कहा "अपनी अपनी स्लेट पर उसकी नकल करो।" तो मक़बूल की स्लेट पर हूबहू वही

चिड़िया ब्लैकबोर्ड से उड़कर आ बैठी। दस में से दस नम्बर।

दो अक्तूबर, स्कूल गाँधीजी की सालगिरह मना रहा है। क्लास शुरू होने से पहले मक़बूल गाँधीजी का पोर्ट्रेट ब्लैकबोर्ड पर बना चुका है। अब्बास तैयबजी देख कर बहुत खुश हुए। मदरसे के जलसे पर मौलवी अकबर ने मक़बूल को 'इल्म' (ज्ञान) पर दस मिनिट का भाषण याद कराया, बाक़ायदा अभिनय के साथ, उसमें एक फ़ारसी का शेर था। 'कस्बे कमाल कुन कि अज़ीज़त जहाँ शवी
कस बेकमाल नियारज़द अज़ीज़े मन'
जिसने हुनर में कमाल हासिल किया, वह सारी दुनिया का चहेता वह जिसके पास कोई हुनर का कमाल नहीं, वह कभी दिलों को जीत नहीं सकता।
किसे मालूम, यह कस्बे कमाल हुनर का कमाल सारी दुनिया में फैलेगा।

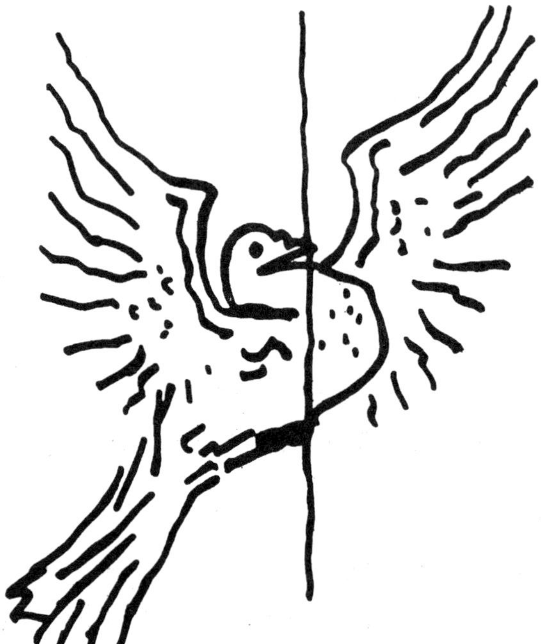

रानीपुरा बाज़ार

रानीपुर बाज़ार में चाचा मुरादअली को उनके बड़े भाई फ़िदा ने एक जनरल स्टोर की दुकान खुलवा दी। फ़िदा साहब तो सर करीमभाई की 'मालवा टैक्सटाइल' में टाइमकीपर थे ही मगर बिज़नेस में दिलचस्पी रखते। इस विषय पर कई मोटी मोटी किताबें जमा कर रखी थीं। मक़बूल को छुट्टी के दिन दुकान पर बैठने ज़रूर भेजा जाता, ताकि शुरू से बिज़नेस के गुण सीख ले। खुद तो नौकरी के जाल में ऐसे फँसे कि अट्ठाइस साल की 'क़ैद बामशक्कत' भुगतनी पड़ी।

छोटे भाई मुरादअली से पहलवानी छुड़वाकर दुकानें लगवाई। जनरल स्टोर न चला तो कपड़े की

दुकान, वह भी नहीं चली तो तोपखाना शेड पर आलीशान रेस्तोराँ। मक़बूल उन दुकानों पर बैठा, मगर उस का सारा ध्यान ड्रॉइंग और पेन्टिंग में। न चीज़ों की कीमतें याद, न कपड़ों की पहनाई का पता। हाँ, मुराद चाचा के होटल में घूमती हुई चाय की प्यालियों की गिनती और पहाड़े उसे ज़बानी याद रहते। गल्ले का हिसाब किताब सही। शाम को हिसाब में दस रुपए लिखे तो किताब में बीस स्केच किए।

जनरल स्टोर के सामने से अकसर घूँघट ताने गुज़रने वाली एक मेहतरानी का स्केच, गेहूँ की बोरी उठाए मज़दूर की पेंचवाली पगड़ी का स्केच, पठान की दाढ़ी और माथे पर सिजदे के निशान, बुरक़ा पहने औरत और बकरी का बच्चा। अकसर मेहतरानी कपड़े धोने के साबुन की टिकिया लेने आया करती। चाचा को देख घूँघट और लम्बा खिंच जाता और चाचा न हों तो घूँघट के पट खुल जाते और अकसर मक़बूल की नाक पकड़ कर खिलखिला उठती। मक़बूल ने उस के कई स्केच बनाए। एक स्केच उसके हाथ लग गया जिसे उसने फ़ौरन अपनी चोली में डाल लिया। मक़बूल ने पेपरमिंट की गोली हाथ में थमाई और स्केच निकलवाया।

एक दिन दुकान के सामने से फ़िल्मी इश्तहार का ताँगा गुज़रा (साइलेंट फ़िल्मों के ज़माने में शहर में चल रही फ़िल्म का इश्तहार ताँगे में ब्रास बैंड के साथ शहर के गली कूचों से गुज़रता। फ़िल्मी इश्तहार रंगीन पतंग के कागज़ पर हीरो हिरोइन की तस्वीरों के साथ छपे, बाँटे जाते।) कोल्हापुर के शांताराम की फ़िल्म 'सिंहगढ़' का पोस्टर,

रंगीन पतंग के कागज़ पर छपा मराठा योद्धा, हाथ में खिंची तलवार और ढाल। मक़बूल का जी चाहा कि उसकी ऑयल पेन्टिंग बनाई जाए। आज तक ऑयल कलर इस्तेमाल ही नहीं किया था। वही रंगीन चॉक या वॉटर कलर। अब्बा तो बेटे को बिज़नेसमैन बनाने के सपने देख रहे थे, रंग रोग़न क्यों दिलाते। मगर इस पोस्टर ने मक़बूल को इस क़दर भड़काया

कि वह गया सीधा अलीहुसैन रंगवाले की दुकान पर और अपनी दो स्कूल की किताबें, शायद भूगोल और इतिहास, बेचकर ऑयल कलर की ट्यूबें खरीद डाली और पहला ऑयल पेन्टिंग चाचा की दुकान पर बैठ कर बनाया। चाचा बहुत नाराज़, बड़े भाई तक शिकायत पहुँचाई। अब्बा ने पेन्टिंग देखी और बेटे को गले लगा लिया।

एक और घटना, जब मक़बूल इंदौर सर्राफ़ा बाज़ार के क़रीब ताँबे पीतल की दुकानों की गली में लैंडस्केप बना रहा था, वहां बेन्द्रे साहब भी ऑन स्पॉट पेन्टिंग करते मिले। मक़बूल को बेन्द्रे साहब की टेकनीक बहुत पसंद आई। 'टिंटेड पेपर' पर 'गोआश वॉटर कलर'। इस इत्तफ़ाकी

मुलाक़ात के बाद मक़बूल अकसर बेन्द्रे के साथ 'लैंडस्केप' पेन्ट करने जाया करता।

1933 में बेन्द्रे ने कैनवस पर एक बड़ी पेन्टिंग घर में पेन्ट करना शुरू की 'वैगबाण्ड' था इस पेन्टिंग का नाम। अपने छोटे भाई को एक नौजवान पठान के कपड़े पहनाकर मॉडल बनाया। सिर पर हरा रूमाल बाँधा, कन्धे पर कम्बल, हाथ में डंडा। 'सूरा' और 'डेगा', यानि फ्रेन्च इम्प्रेशन की झलक। रॉयल अकादमी का रूखा रियलिज़्म, उस पर एक्सप्रेशनिस्ट ब्रश स्ट्रोक का ढाँचा।

इस पेन्टिंग पर बेन्द्रे को बंबई आर्ट सोसाइटी ने चाँदी का मेडेल दिया। हिन्दुस्तानी माडर्न आर्ट का यह शायद पहला क्रांतिकारी क़दम था, हालाँकि इस क़दम में 'जोशो-अज़्म' की सुर्ख़ी कम और जवानी का गुलाबीपन ज़्यादा था। राजा रविवर्मा के पश्चिमी सैकेन्ड हैंड रियलिज़्म के बाद एक हल्की सी हलचल गगनेन्द्रनाथ टैगोर के क्यूबिस्टिक तजुर्बे से शुरू हुई। बात आगे बढ़ी नहीं। बेन्द्रे का गुलाबीपन भी कुछ ही अर्से तक तरोताज़ा रहा। बड़ौदा पहुँच कर वह 'फ़ैकल्टी ऑफ़ फ़ाइन आर्ट' के हर दिल अज़ीज़ डीन बन गए।

मक़बूल की पेन्टिंग की शुरुआत और इंदौर जैसी जगह, सिवाए बेन्द्रे के कोई नहीं। वह उनके पास जाता रहा और एक दिन उन्हें अपने घर ले आया। अब्बा से मिलाया। बेन्द्रे ने मक़बूल के काम पर बात की।

दूसरे दिन अब्बा ने बंबई से 'विनसर न्यूटन' ऑयल ट्यूब और कैनवस मँगवाने का आर्डर भेज दिया।

अब सोचा जाए तो ताज्जुब होता है कि उस ज़माने के इंदौर जैसे कपड़ा मिल माहौल में, काज़ी और मौलवियों के पड़ोस में एक बाप कैसे अपने बेटे को आर्ट की लाइन इख़्तयार करने पर राज़ी हो गया। जब कि यह आर्ट का शगुल राजे महाराजों और अमीरों की अय्याश दीवारों का सिर्फ़ लटकन बना रहा, आधी

सदी और ज़रूरत थी कि आर्ट महलों से उतरकर कारखानों की दीवारों तक पहुँचे।

मक़बूल के अब्बा की रोशनख़्याली न जाने कैसे पचास साल की दूरी नज़रअन्दाज़ कर गई और बेन्द्रे के मशवरे पर उसने अपने बेटे की तमाम रिवायती बंदिशों को तोड़ फेंका और कहा - "बेटा जाओ, और ज़िन्दगी को रंगों से भर दो।"

नालेवाला मकान

छावनी इंदौर में नालेवाला मकान, जहाँ मक़बूल ने कई तरह के ख़ास तरीकों, सोच और काम की बुनियाद गली, जो उसकी आगे की ज़िन्दगी के बहुत ज़रूरी हिस्से बने, मिसाल के तौर पर यहीं फ़ोटोग्राफ़ी शुरू की। फ़िल्म का 'एनीमेशन' किया। कागज़ के लम्बे रोल पर एक किसान एक बैलगाड़ी के कई ड्राइंग बना कर, एक गत्ते का प्रोजेक्टर बॉक्स बनाया, उसमें उस ड्राइंग के रोल को घुमाया। बॉक्स के बीच एक रुपए जितना सुराख़ किया। एक आँख से बॉक्स के अन्दर देखो तो वहाँ किसान और बैलगाड़ी को हरकत करता देखो। हाथ से बनी फ़िल्म स्ट्रिप बिल्कुल उसी 'पीप शो' की तरह जिस में, 'दिल्ली का दरबार देखो', बारह मन की धोबन देखो', गोरे कर्ज़न की लाट देखो'।

जब चचा के कमरे से 'पासिंग शो' सिगरेट की डिब्बियाँ जमा कीं, तो मक़बूल ने उनसे एक सुन्दर महल बनाया, बाक़ायदा, दीवाने आम, दीवाने ख़ास। कैंची की कतरन से नाज़ुक झरोखे। राजा रानी के जोड़े। छोटे छोटे हाथी घोड़े। हरे तोतों से भरे मुन्ने मुन्ने पेड़। यह सब सजा कर मुहर्रम

के ताज़िए की तरह सिर पर उठा कर स्कूल के सालाना मेले में हिस्सा लिया। दस्तकारी हुनर का पहला इनाम मिला।

गर्मियों की डेढ़ माह की स्कूल की छुट्टियों में शीशे पर रंग से कैलीग्राफ़ी की 'तवकलतो अलल्लाह', 'खुदी को कर बुलंद इतना' 'शायरों के कलाम', 'नदी का किनारा', 'दस सूरे' और 'यासीन शरीफ़' की आयतें, 'जंगल में मोर नाचा' मक़बूल के इन दिलकश कामों को कौन देखे? 'ग्लास पेन्टिंग' गुजरात का ख़ास हुनर है। छुट्टियाँ ख़तम हुईं, आठ, दस ग्लास पेन्टिंग अकसर रिश्तेदार, दोस्तों में बाँट दिए जाते। एक शीशे पर बनी ख़ास कैलीग्राफ़ी की लाइन 'इन्ना फ़तहना लका फ़तहन मुबीना' चारों तरफ़ फ्रीहैन्ड से बेल बूटे पेन्ट किए हुए, बड़ौदा के दोस्त को तोहफे में दिया (दरअसल हामिद की बहन सुरैय्या को देना चाहता था, हिम्मत कहाँ) बस एक बची खुची पचास बरस पुरानी निशानी बड़ौदा में हामिद के मामू के घर में मिली।

नालेवाला घर और ठीक सामने इंदौर हाई स्कूल का प्लेग्राउंड, यहाँ मकबूल खुद अपने मोहल्ले का ओलम्पिक खेलों का सालाना मुक़ाबला रचाता। चाँदी के वरक़ चढ़ा कर कागज़ के कप, मख़मल के टुकड़ों पर ज़री भर कर चाँदी और सोने के मेडेल जीतने वालों को दिए जाते। उस ज़माने के मशहूर ट्रेक रनर मोहम्मद हुसैन इंदौर हाई स्कूल के थे। वह वर्ल्ड ओलम्पिक के फ़ाइनल राउंड तक पहुँचे। मुश्ताक़ अली क्रिकेट के मशहूर बल्लेबाज़ मक़बूल के पड़ोसी और स्कूल में एक क्लास आगे।

यह खेल कूद का शौक आज भी तरोताज़ा है लेकिन खेल अब देखने की हद तक। मगर उछल कूद के मामले में नई गेंद की तरह सिर्फ़ टिप्पा खाने की ख़ातिर, एक मुकाम को छूते ही उछल कर दूसरे मुकाम पर। आज बंबई तो कल पेरिस तो परसों टोकियो।

मानकेश्वर

मक़बूल और मानकेश्वर

मक़बूल का जिगरी
दोस्त मानकेश्वर, इंदौर
स्कूल में साथ पढ़े। उसे
भी पेन्टिंग का शौक
मगर 'गीता और'
'पुराण' ज़बान पर।
अकसर दोनों साथ
'रामलीला' का
नाटक देखने जाया
करते। मक़बूल
के नाना सिद्धपुर
गुजरात में मस्जिद
के पेश इमाम
इसी वजह से
मक़बूल को छः
साल की उमर
ही से क़ुरान
की आयतें
ज़बानी याद।
अनेक दीन और
धर्म की बातें

सुनी और पढ़ीं। मानकेश्वर की दोस्ती और पचास बरस की उमर तक का साथ, मक़बूल पर 'रामायण' और 'महाभारत' के चरित्रों का गहरा असर पड़ा, जिसे बरसों बाद एम॰ एफ़॰ हुसैन ने, उन्हे आजकल की आर्ट की ज़बान में, रंग, रेखा और रूप देकर कैनवस पर उतारा।

मानकेश्वर भी इंदौर छोड़ कर बंबई रहने लगा और कुछ अरसा मक़बूल के साथ काम करता रहा। आहिस्ता आहिस्ता वह दुनियादारी को छोड़ आध्यात्मिक साधना में खो गया। मक़बूल फिर भी उसे कहीं न कहीं से ढूँढ निकालता और घंटो उसके रुहानी फ़ासलों का साथ देता। खुद मक़बूल

का अन्दरूनी लगाव भी इसी तरफ़ खिंचता रहा, जिसकी बुनियाद बचपन में नाना ने रख दी थी। मगर मक़बूल 'बंबई प्ले हाउज़' के चमकते दमकते स्टेज और सिनेमा पर अट्ठारह साल तक 'बैक ड्राप' बनाता रहा और मानकेश्वर धीरे धीरे सब कुछ त्याग कर, साधु की सादगी लेकर हिमालय की ओर चला गया।

जमना

लालखाँ टेलर मास्टर छावनी के जाने माने लोगों में से थे। नाज़िरजी की अचकन से पायजामे तक उनकी चापलूसी की कैंची चलती और अंग्रेज़ रेज़ीडेन्ट साहब के कोट पतलून तक पहुँच जाती। मशहूर दर्ज़ी थे। सीना तान कर चलने की आदत थी। सिर पर राजपूती पगड़ी, मलमल का कुर्ता घुटनों तक लटकता, फुंदनेदार लाल इज़ारबंद (नाड़ा)। दर्ज़ी कम और दंगल के खिलाड़ी ज़्यादा दिखाई देते थे। यूँ भी काफ़ी खिलाड़ी निकले। पारसी मोहल्ले की मेहतरानी की मासूम लड़की जमना, खुशरंग, खुशचेहरा थी. उसे रखैल बना लिया और नदी किनारे खपरैल की छत से ढँकी चार दीवारी के नीचे बिठा दिया।

यह वही खुशरंग जमना है जो ग्यारह बारह साल की उम्र में लड़के के घर के सामने वाले नल से पानी भरने आया करती थी। घर की अधखुली खिड़की से लड़का स्कूल की किताब खोले नल की तरफ देखता रहता। पानी से भरा घड़ा जमना अपने घने बालों से घिरे सिर पर धीरे से जमाती है। लड़का अपनी किताब का एक पन्ना पलटता है। जमना तीन मिनिट बाद घर से खाली घड़ा लिए लौटती है। नल पर घड़ों, बर्तनो और टीन के डिब्बों का ढेर है। क्योंकि सिर्फ़ चार से पाँच बजे तक मोहल्ले का नल खुला रहता

है। हर दो मिनिट के बाद लौटता घड़ा, हर दो मिनिट के बाद पलटते किताब के पन्नो को सिर्फ़ एक कोरा कागज़ बना देता। जिस पर लड़का जमना के कई स्केच बनाने के बाद भी वह लाइन वह नुक़्ता नही ढूँढ पाता जो उस लड़की के जिस्म में छुपा हुआ है। महीनो परेशान रहा, कई पन्ने फाड़े गए, अच्छा हुआ यह पहेली आज तक सुलझ न सकी।

नदी के किनारे गुलेरशाह बाबा की मज़ार और दूसरे किनारे शिवालय। कहा जाता है कि गुलेरशाह

की मज़ार डेढ़ सौ साल पुराने गूलर के पेड़ के बहुत बड़े घेराव वाले तने के अन्दर है। आज भी इस मज़ार पर हर तरह के धर्म और ज़ात के लोग जमा होते हैं। जिस उमर में भी वह लड़का इंदौर से गुज़रा उसने शिवालय और गूलरशाह के बीच बहते पानी को ज़रूर छुआ। शायद बरसों पहले वाली जमना इस पानी में मौजूद है। क्यों न हो! इस किनारे सुबह के धुँधलके में वह रोज़ाना तैरने आया करती। भीगी साड़ी में लिपटा वह सुडौल जिस्म और सूरज की पहली किरण, तने हुए स्तन, जो पानी की ठहरी हुई बूँद को मोती बना दें। गीले बालों को झटकने के अन्दाज़ से फ़िज़ा में एक तरंग। आँखें भींच, नाक चुटकी में बंद करके पानी में डुबकी मारे और ज्योंहि जिस्म पानी से उभरे तो दाँतों में साड़ी का पल्लू यूँ खिंच कर आ जाए कि दूसरा सिरा अपनी जगह से खिसक पड़े। सारा बदन पानी में पिघलने लगे।

लड़के ने तैराकी का सबक जारी रखा। यहाँ भी वह अपने करतब की नुमाइश से बाज़ नहीं आया। दूर ही दूर से एक दूसरे को दाद दिया करते। नदी के पास ही इंदौर का मशहूर नौलखा बाग़, जहाँ नौ लाख पेड़ हैं। यहाँ लड़का अपनी किताब लिए किसी पेड़ के नीचे इम्तहान की रटाई के बजाए गोते बाज़ी में लगा हुआ। बाप को पता भी न चला कि बेटे ने तैरना सीख लिया। वह सुबह का धुँधलका ज़्यादा देर नहीं रहा। न वह ख़ाली घड़ा मोहल्ले के नल के पास पहुँच सका।

लालखाँ की कैंची चल चुकी थी।

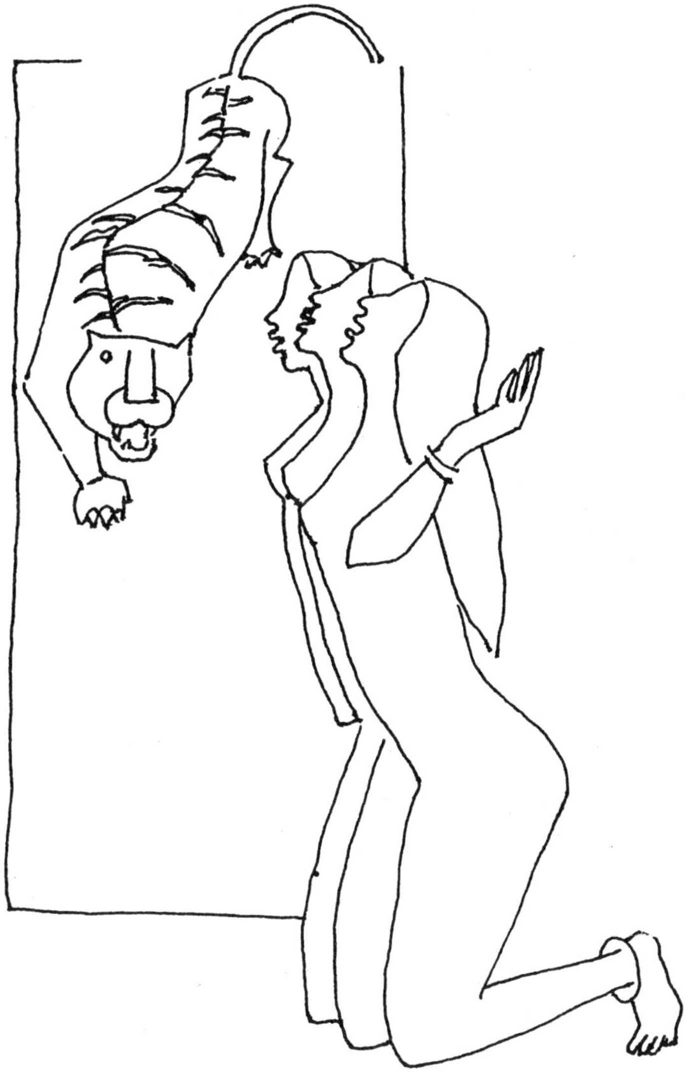

धागा सुई में पिरो तो दिया मगर बखिया लगाने के बजाए उस लड़की के सुडौल जिस्म के बखिए उधेड़ कर रख दिए। कोई छः साल बाद जब वह लड़की नदी के किनारे नज़र आई तो लड़के ने अपनी स्केच बुक की धज्जियाँ उड़ा दीं।

नदी के किनारे जमना धीरे धीरे चल रही है। दो बच्चे लिपटे, तीसरा पेट में। रंग उड़ा हुआ धंसी हुई आँखें। टिमटिमाती आँखों ने लड़के को पहचान तो लिया पर मुस्कुरा न सकी। उस रात, अमावस की रात लड़के ने साईकल उठाई, लालटेन लटकाई और लालखाँ दर्ज़ी की दुकान के पिछवाड़े लगी दीवार पर पहले जा कर पेशाब की धार मारी. फिर दुकान की सीढ़ी पर बैठ कर लालखाँ की निन्दा में शेर कहे। (उन दिनो तारीफ़ और निन्दा में दस शेर कहने का शौक, स्कूल के दो साथियों से झगड़ा छिड़ गया। दोनो रियासत टोंग और बाँदा के नवाबज़ादे, शायरी और शाही तहज़ीब में पले, उन पर सौ शेर उनकी निन्दा में पढ़े।)

लालखाँ को कला और शायरी की क्या पहचान, वह यह ज़बान क्या समझे। दरिन्दा. शैतान हालाँकि उसकी शकल उसी की दीवार पर कोयले से बनाई। पगड़ी उतारी सींग लगाए, ज़बान खींच कर बाहर निकाली मगर दीवार पर अपने चेहरे को पहचानने से मुकर गया। हाँ, गली से गुज़रने वालों ने मासूम जमना के बखिए उधेड़ने वाले को पहचान लिया।

लड़के की किस्मत देखिए, एक दिन उसके अब्बा उसे लालखाँ टेलरमास्टर के पास ले गए कि कम से कम टेलरिंग सीख ले। ड्राइंग अच्छी है तो अच्छा कटर बन सकता है। पेन्टिंग की दीवानगी से कोई पेट भर सकता है? कुछ तो कमाए और लड़की ब्याहे। बाप ने बिठा

दिया, लालखाँ की दुकान पर। खूसट टेलरमास्टर ने दो सुइयाँ बिना धागे के सामने रख दीं और कहा 'बेटा एक सुई उठाओ और रखो फिर दूसरी उठाओ और रखो, समझो ख्याली बीखया लगा रहे हो। आठ दिन तक यही करते रहोगे तो शायद तुम्हारे हाथ कैंची लगे।" लड़का कोई आधे घंटे ही बैठा होगा कि लालखाँ को अपनी छोटी उँगली दिखा, पीछे की गली से भाग गया। पलट कर उस नीच की दुकान की तरफ़ नहीं देखा।

बतूल

यह तो थी दूर दूर की बात। अब ज़रा लड़के की नज़दीकियों में झाँकने की कोशिश करें। जमना की ख़ामोश दूरी के बाद बतूल की झिझक वाली नज़दीकी देखिए। बतूल जुम्मनबाई की एकलौती लड़की, उमर दुपट्टे से ढाँकने लायक। सरो के पेड़ जैसा ख़ूबसूरत क़द, चंचल बदन, चूड़ीदार पायजामे पर तंग कुरता, गले में चाँदी की हँसली, नाक में चंदन की तीली, छोटा माथा, गीले होंठ। जुम्मनबाई की कोठरी मकान के सामने। कोठरी के अन्दर से जलती लकड़ियों से लगातार उठता धुँआ। पड़ोस के दो तीन घरों की रोटियाँ वहीं बेली जातीं। बस यूँ कि जुम्मनबाई मोहल्ले की चहेती नानबाई।

बतूल सामने वाले घर के कपड़े और बर्तन धोने रोज़ जाती। अकसर इतवार की छुट्टी पर टाइमकीपर फ़िदा साहब 'पिपलिया पाला' झील के किनारे बाल बच्चों को

लेकर पिकनिक मनाने जाते थे। नन्हे भाई को सम्भालने के लिए बुतूल को भी साथ ले जाते थे। इधर कबाब सीख़ पर चढ़ा कर दहकते कोयले पर रखे जाते, उधर लड़का बुतूल को अपनी साइकिल की सीट पर बिठाकर चारों तरफ झाड़ियों में घुमाता।

एक इतवार न मालूम क्यों बतूल चलती साइकिल से उतर पड़ी। शायद लड़के के दोनों हाथ छोड़ कर 'बैलेंसिंग एक्ट' से डर गई, या उसकी बाँहों की पकड़ हैंडिल पर न पाकर नाराज़ हो गई। उस दिन कुछ पता न चला कि साइकिल की ग़लती थी या लड़के की। कुछ दिन वह इसी उधेड़ बुन में रहा।

एक दिन गर्मियों में मालवा की एक लम्बी दोपहर, जब घर के सब लोग ऊपर की मंज़िल पर ख़स की टट्टी में आराम कर रहे थे, नीचे बीच के कमरे से हल्की धुन में एक गाने की लाइन सुनाई दी- 'इन दिनों जोशे जुनूँ है मेरे दीवाने का'। लड़का फ़ौरन नीचे उतर आया। देखा बतूल अकेली। वह उसके एक साल के भाई को गोद में लिए झूले पर झूलती, गुनगुना रही थी। बतूल की पीठ झूले की हर पेंग के साथ दीवार तक पहुँच कर लौट जाती। साथ ही लड़के की हिम्मत भी दीवार तक पहुंच कर टूट जाती। कुछ देर यूँही ठिठका सा वह कमरे के बीच खड़ा रहा। अपने आप को दीवार तक ठीक उसी वक़्त कैसे पहुँचाया जाए, जब झूले की पेंग, बुतूल की पीठ दीवार के क़रीब करे। यहाँ सरकस के 'ट्रेपीज़ आर्टिस्ट' की तरह स्पिलिट सेकेन्ड लाइनिंग' का कठिन काम

सामने है। आख़िर हिम्मत बाँधकर लपक कर दीवार से जा लगा। हौंसले का हाथ बढ़ा और हथेली में दो नरम और जिस्म को पिघला देने वाली धड़कनें आ बैठीं। दबोचकर पकड़ रखा फिर छोड़ दिया, यह छोड़ और पकड़ कुछ देर चली, कुछ

दिनों चली। साइकिल पर चली फिर सीढ़ी पर चली, चोरी चुपके चली। लेकिन सोफ़िया चाची की नज़र से बच न सकी। चाची की उँगली उठी और बात वहीं रुक गई। चचादादा के बेटे नज़र, लड़के से छः महीने छोटे मगर हिम्मत में बड़े। बतूल को झूले से उचकाकर, साइकिल पर फ़रार हो गए। शाम घर लौटे तो लड़का दरवाज़े पर खड़ा था। देखा, बुतूल की नाक से चंदन की तीली ग़ायब, चाँदी की हँसली मुड़ी तुड़ी, कुरते का बटन लटका हुआ। काज फट चुका था।

रामलीला

अक्तूबर का महीना है, मालवी गेहूँ खेतों में खड़ा है। धूप अच्छी लगने लगी है। शाम ढले दादा लड़के की गर्दन में ब्लू मफ़लर लपेट दिया करते और वह दौड़ता हुआ मोहल्ले की रामलीला देखने पहुँच जाता। यह कोई नाटक कम्पनी नहीं, जहाँ टिकट लेना पड़े।

एक प्राइमरी स्कूल का अहाता। इमली के पेड़ तले माँगी हुई चंद लालटेनें और धोबन से ली हुई साड़ियों का 'बैकड्राप'। ज्यों ही बेलन से थाली बजी, खेल शुरू हुआ। वह पानवाले शंकर का भाई, स्कूल के ड्रिल मास्टर की निकर पहने हनुमान बन जाता, सिर्फ़ चेहरे पर धूल मले। हाँ, रावणजी तो वह मोटा मिट्ठू लगे जो आटा पीसने की चक्की पर बैठे हैं। केकई कौन बना लड़का उसे पहचान न सका। एक तो औरत बने ऊपर से कलुए मुँह पर राख मल कर नखरे करे। कासिम मियाँ इंदौर छावनी के शादी ब्याह के बैंड मास्टर लेकिन रामलीला के लिए ढोल और बाँसुरी का सुर मिलाते हैं।

वह रामलीला से लौटती भीड़ में घिरा लड़का चलते चलते अपने आप को इस खेल के किसी एक पात्र में ढूँढना चाहता है। घर पहुँचने में जान बूझ कर देर

करता है ताकि जितने पात्र हैं, अपने ख़्याली स्टेज पर थोड़े थोड़े अदा कर ले। मगर आज वही रामलीला जब दिल्ली के जगमगाते स्टेज पर देखता है तो घर लौटते वक्त उसे शंकर पानवाले का भाई, चक्कीवाला मोटा मिट्ठू और कासिम बैंड मास्टर याद आते हैं।

इन्दौर की रामलीला से डाक्टर राम मनोहर लोहिया होते हुए वह लड़का कैसे बाल्मीकि और तुलसीदास तक पहुँचता है। यह ज़माना है, पाँचवीं दशक के आख़िरी हिस्से का। हैदराबाद के रईस पन्नालाल पित्ती का राजभवन के पड़ोस में आलीशान मोती भवन, इनके बेटे बदरीविशाल भवन के ऊपरी हिस्से में गावतकियों के बीच विराजमान। दोपहर के भोजन का समय, डाक्टर राम मनोहर लोहियाजी के आगमन का वक्त। गावतकियों के चारों तरफ़ खादी-धारी, बन्डियों पर समाजवादी फ़ीते लगाए, अदब से खड़े हैं। वह लड़का बदरीविशाल के क़लमदान से एक क़लम निकाल कर इस मंज़र को क़लमबंद करता है। डाक्टर लोहिया का स्केच उनके झुँझलाए खड़े बालों से शुरू हो-कर, मिची मिची शरारती आँखें ढूँढता हुआ नथनों से बहुत नीचे होठों पर आ रुका। लोहियाजी की बाँछें खिल गईं, ज्योंही लड़के और उसके स्केच को देखा। लड़के को ज़ोर से बग़ल में भींच लिया और वह भींच बरसों ढीली नहीं पड़ी।

एक शाम लोहियाजी को वह लड़का जामा मस्जिद के करीम होटल ले गया क्योंकि उन्हें मुग़लई खाना, शीरमाल वग़ैरह बहुत पसंद थीं। लोहियाजी को जवाहरलाल नेहरू का एक पोर्ट्रेट याद आया जो लड़के ने नेहरूजी के घर जाकर किया था। लोहियाजी ने क़ोरमे की प्लेट को चम्मच से हल्के हल्के खनखनाते हुए लड़के की तरफ़ देखा और बोले- "यह तुम्हें क्या सूझी कि नेहरू का पोर्ट्रेट बनाने बैठ गए। हाँ, एक पोर्ट्रेट जो 'इलस्ट्रेटड वीकली' में छपा है वह इसीलिए ठीक लगा कि उसमें नेहरू डूबता दिखाई देता

है, जैसे पानी गले तक चढ़ गया हो।"

"लोहियाजी", लड़के ने मुस्कुराते हुए जवाब दिया। "माडर्न आर्ट का यही तो एक मज़ेदार पेचीदा पहलू है कि देखने वाला अपनी मर्ज़ी और मिज़ाज में तस्वीर को ढालने का हक़ रखता है, जबकि फ़ोटोग्राफ़ी की स्थिरता में कल्पना की ज़्यादा गुंजाइश नही। एक लिहाज़ से माडर्न आर्ट का मिज़ाज अमीराना नहीं बल्कि डेमोक्रेटिक है। जैसे कि देखने में, व्यक्तित्व शहाना हो, लकीरों का तनाव खुद्दारी का ऐलान करता हो, रंगो की शोख़ी स्वाभिमान से सम्पूर्ण हो।"

लोहियाजी ने लड़के की पीठ थपकी जैसे शाबाशी दी हो और विषय बदलते हुए पूछा- "यह जो तुम बिरला और टाटा के ड्राइंगरूम में लटकने वाली तस्वीरों में घिरे हो, ज़रा बाहर निकलो। रामायण को पेन्ट करो। इस देश की सदियों पुरानी दिलचस्प कहानी है। गाँव गाँव गूँजता गीत है, संगीत है और फिर इन तस्वीरों को गाँव गाँव ले जाओ। शहर के बन्द कमरे जिन्हें आर्ट गैलरी कहा जाता है, लोग वहाँ सिर्फ पतलून की जेबों में हाथ डाले खड़े रहते हैं। गाँव वालों की तरह तस्वीरों के रंग में घुल मिल कर नाचने गाने नहीं लगते।"

लोहियाजी की यह बात लड़के को तीर की तरह चुभी और चुभन बरसों रही। आख़िर लोहियाजी की मौत के फ़ौरन बाद उनकी याद में रंग भरे और क़लम

लेकर बद्रीविशाल के मोती भवन को तक़रीबन डेढ़ सौ 'रामायण' पेन्टिंग से भर दिया। दस साल लगे कोई दाम नहीं माँगा, सिर्फ़ लोहियाजी की ज़बान से निकले शब्दों का मान रखा।

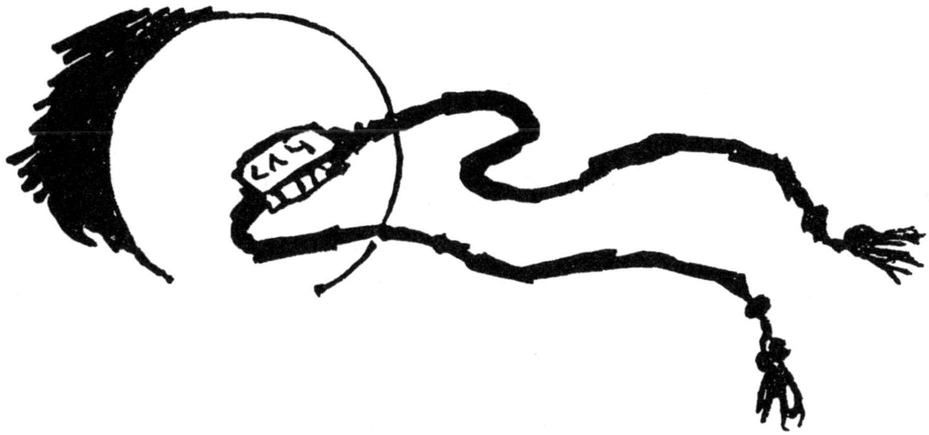

बंद मुट्ठी दस रुपए की
खुली तो दस लाख की

सन् १९२२, लड़के के दादा ने, मौत के बहुत क़रीब, अपने बिस्तर से आख़िरी सफ़र शुरू करने से पहले, दस रुपए का एक नोट सिरहाने से निकाला और शायद बतौर 'इमामज़ामिन' अपने लाडले पोते के सीधे हाथ की मुट्ठी में बंद कर दिया। वह 'इमामज़ामिन' से बँधी मुट्ठी बरसों नहीं खुली। मक़बूल अपने दादा की याद को मुट्ठी में दबाए चलता रहा।

सन् 1934 में इंदौर की सड़क पर एक अजनबी राहगीर ने मक़बूल की पेन्टिंग की पहली ख़रीदारी की। दस रुपए का नोट मक़बूल की क़मीज़ की जेब में डाला और एक वॉटरकलर लैंडस्केप जिसे अभी अभी गली

किनारे बैठ कर बनाया था, लेकर चल दिया।

मक़बूल कुछ देर सड़क के किनारे बैठा रह गया। सामने का लैंडस्केप बरसात की बूँदों में घुलने लगा। रंग और कागज़ बटोरा, साइकिल उठाई दादा की क़बर से गुज़रा और अपनी मुट्ठी चूम ली। पच्चीस साल बाद एम॰ एफ़॰ हुसेन साहब का हुस्ने जौहर सरे बाज़ार बिकने के लिए बिछा दिया गया।

'बिछा के मताए हुनर के जवाहर
मैं नज़रे ख़रीदार से खेलता हूँ।'

सिकन्दर अली 'वज्द' के इस शेर के मुताबिक़ आज एम॰ एफ़॰ हुसेन ख़रीदार पर अच्छी नज़र रखते हैं। पलकों की झपक से भाव की तेज़ी या मंदी का सही अन्दाज़ा लगा लेते हैं।

सन् 1950 में पहला 'वन मैन शो' बंबई के आर्ट बाज़ार में दिखाया गया। एक जर्मन आर्ट कलेक्टर इब्राहीम स्लिन्ज़र की तजुर्बेकार नज़र उस पेन्टिंग पर पड़ी, जिसमें गाँव का एक लड़का सूरज पेन्ट कर रहा है। चारों तरफ़ लकीरों से घिरा सूरज कुछ कुछ सूरजमुखी सा लगा। क़ीमत बढ़ी, शोहरत बढ़ी, दिन दुगुनी रात चौगनी होती चली। अब एम॰ एफ़॰ हुसेन पूछे और ढूँढे जाने लगे। मक़बूल तो वहीं इंन्दौर की कच्ची सड़क पर कल्लू मियाँ का ताँगा पकड़े, साइकिल बिना पैडल के चला रहा है। वह ढूँढ रहा है, गलियों के हसीन मोड़, नदी किनारे नहाती जमना, धोबी घाट पर सूखती पंढरपुर की सोलह हाथ लम्बी साड़ी, कुम्हार के हाथों गीली मिट्टी से ढलता घड़ा। सब्ज़ी के ढेर में

बैंगनी रंग पर पड़ा नीबू का हरा रंग। मक़बूल का यह इंदौरी लैंडस्केप, यह चालीस साल पुराना मंजर कुछ अजीब अन्दाज़ से हुसेन की शकल इख़्तियार करता है। वह कच्ची सड़क अब दुनिया का हाईवे, उस पर दौड़ती लिमोज़ीन, हुसेन को लेने और छोड़ने जो भेजी गई है। शाहबानो फ़राहदीबा से, प्रधान मंत्री की तीन मूर्ति से, इन्ग्रीड बर्गमैन के हरम पेरिस से यहाँ ज़रा कहीरख, कल्लू मियाँ के ताँगे का ढाँचा और बिरला की मोटर 'अम्बेसडर' का ढाँचा आज चालीस साल से बदला नहीं, ज्यों का त्यों फिर क्या फ़रक ताँगे की सवारी में, हाँ, यह बात अलग

कि ताँगे वाले को 'हाइवे' पर ताँगा दौड़ाने की इज़ाज़त नहीं, वरना हुसेन उसी में बैठ कर 'हाउज़ ऑफ बिरला' पहुँचता। अब चीलिए गलियों के हसीन मोड़ पर, जो कान्क्रीट के कई फ्लाईओवर्स के नीचे मुरझा गए। जगह जगह खड़े हैं, उन पर 'जायन्ट साइज़' पोस्टर, 'केलवेन क्लाइन' अंडरवियर पहने मर्द, फ़ास्टफूड हैमबर्गर का गोश्त, अँगूठा दिखाता 'थम्स अप' और शहनशाहे इंडियन स्क्रीन अमिताभ बच्चन।

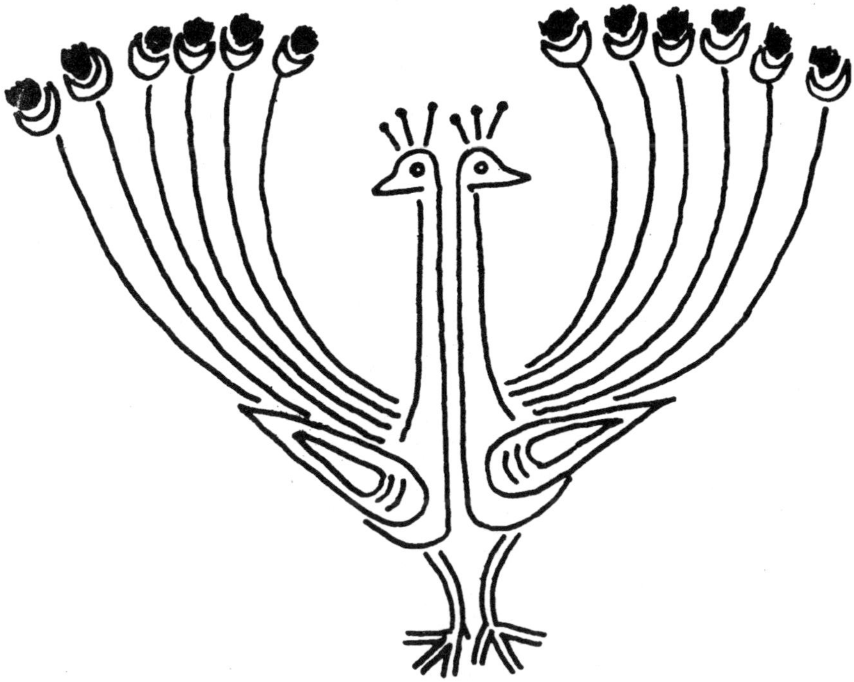

सिनेमास्कोप

इंदौर छावनी १९२१, नाज़िरजी का खंभेवाला मकान। लड़के के अब्बा और शीरीन अम्मा को फ़िल्म देखने का बड़ा शौक। सायलेंट फ़िल्मों का ज़माना। मिस गुलाब मिस ऐमिली हिरोइन। अकसर रात साढ़े नौ बजे का शो देखने दोनों घर से पैदल निकल पड़ते। लड़के ने अब इतना होश सम्भाला कि मिस गुलाब का चेहरा कभी कभी ख़्वाब में भी देखने लगा लेकिन फ़िल्म साल में दो दफ़ा देखने को मिलती यानि मीठी ईद और नमकीन ईद, लेकिन अम्मा अब्बा हर हफ्ते एक फ़िल्म देखने चले जाते वह भी चुपके से जब घर में सब सो जाएँ।

एक रात आँख बंद किए लड़का जागता रहा। एक तरकीब सूझी, जैसे ही अब्बा अम्मा को लेकर कमरे से बाहर निकले, लड़का उठ कर ख़ामोशी से उनके पीछे हो लिया। ज़रा फ़ासला छोड़ कर चलता रहा। घर से सिनेमा पहुँचते कोई बीस मिनिट तो लग ही गए। ज्योंहि अब्बा टिकट की खिड़की के क़रीब हुए, लड़का फ़ौरन सामने आ कर खड़ा हो गया। लड़के की इस हरकत पर एक डाँट के सिवा और क्या करते। घर वापस छोड़ने तो नही जा सकते, मजबूरन एक टिकट और कटवाना पड़ा। उस रात मिस गुलाब का एक सीन जब लड़के ने देखा, तब उसकी उम्र यही कोई छः सात साल की होगी, आज भी मिस गुलाब का गुलाबीपन फीका नही पड़ा।

वह सीन था समुन्दर का, तूफ़ानी मौजों का, बीच भँवर में टकराती किश्ती का, किश्ती के टूटते तख़्ते और हवा की तेज़ी से फटते बादबानो से लिपटी मिस गुलाब अपनी भीगी साड़ी सुखा नही पाती। राजकपूर उसे 'राम तेरी गंगा मैली' में खूब गोते खिलाता है। 'सत्यम् शिवम् सुन्दरम' में मिस गुलाब की ज़ीनत चौगनी। 'बरसात' की भीगी नरगिस। श्रीदेवी की पानी में घुली 'चाँदनी'। 'सागर' में डूबती डिंपिल और आख़िर में दरिया चिनाव के बीच कच्चे घड़े के साथ डूब जाती है।

बाइसिकल

एक बाइसिकल जो इस लड़के के लिए 'नूरे नज़र'। हर इतवार अब्बा की मिल की छुट्टी पर लड़का इसकी खूब सजावट और सफाई करता। पहियों में रंगीन फुँदने, यहाँ तक कि फूल के गजरे हैंडिल में बाँध दिए जाते। पुर्ज़ों की खूब तेल पिलाई। रफ़्ता रफ़्ता लड़का उस पर सर्कस के करतब दिखाने लगा। चलती साईकल को रोक स्टेंड स्टिल बेलेंस। एक अजीब रिश्ता उस लड़के ने साईकल से जोड़ा। साइकिल की सीट इन्सानी मुखड़ा। हैंडल दो बांहें, पैडल दो पैर इसीलिए लड़का सीट के पीछे कैरियर पर सवार साइकलिंग किया करता और लम्बी टाँगों का कहना ही क्या! जैसे पूरी साईकल उसकी गोद में या लड़का साईकल की गोद में। यह नहीं कह सकते कौन किसे गोद में लिए प्यार कर रहा है।

छावनी के बाज़ार चौक पर फ़करुद्दीन की साईकल जोड़ तोड़ की दुकान है, लाज़िम है लड़के की उससे पहचान हो गई और यही फ़करुद्दीन पच्चीस बरस बाद बंबई में मिलता है, जब एक बैलगाड़ी का पीहया लड़के के पाँव को जख़्मी कर गया। वह रोज़ाना लड़के को अपने कंधे पर बिठा, अस्पताल मरहम पट्टी के लिए और रात नलबाज़ार की चॉल की एक काली सी कोठरी में ठहरने के लिए ले जाता। वही ख़िदमत जो साईकल की इंदौर में की, लड़के के पैर के साथ वही मुफ़्त मरम्मत।

फ़करुद्दीन के साथ उनके एक दोस्त नवाब रहते थे। फ़करुद्दीन दुबले पतले और उनके दोस्त हट्टे कट्टे। कल्लों में पान की गिलौरी, आँखों में सुरमा, छींट वाली नवाबी स्टाइल की शेरवानी। जब लड़के का पैर ठीक हो गया, दोनों ने लड़के से कहा "हमारे साथ रहो, (उस ज़माने में लड़का सिनेमा होर्डिंग पेन्ट करता था) अगर कोई पूछे तो कहना कि हम दोनों इस सिनेमा होर्डिंग बनाने की बिज़नेस में पार्टनर हैं।" उन दोनों के पास लड़के की खूब ख़ातिर होती थी। टैक्सी में घुमाना, दावतें। कभी कभी जब रात को दोनों घर वापिस आते तो उनके पास नोटों के बंडल होते थे। पूछने पर कहते कि "हम चमड़े का कारोबार करते हैं।" बंबई में नलबाज़ार में चमड़े का काम होता भी है। अकसर रात को वह लड़का घर पहुंचता, तो खटखटाने पर दरवाज़ा देर से खुलता। बाद में पता चला कि वह लोग सिक्के बनाते थे। जो रुपयों के बंडल वह घर लाते थे, वह असल में दुकानों से चोरी करके हासिल किए जाते थे। उनमें से एक दुकानदार को

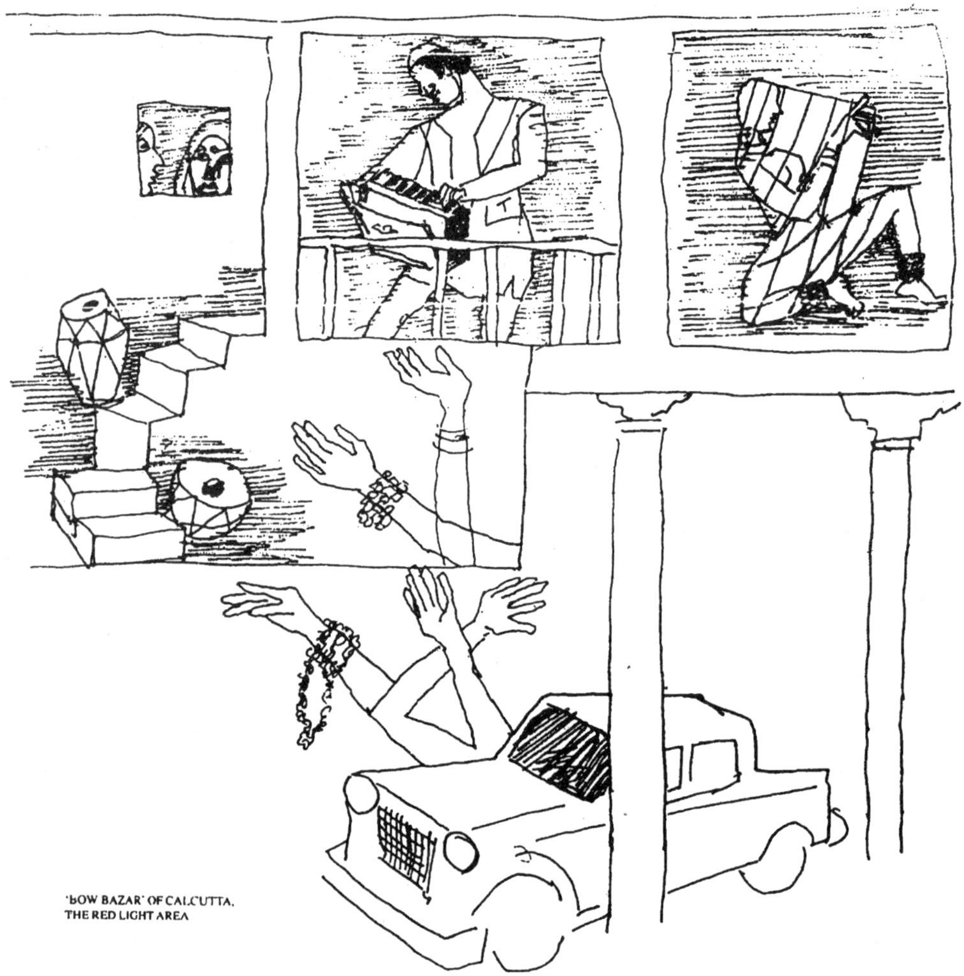

'BOW BAZAR' OF CALCUTTA,
THE RED LIGHT AREA

बातों में उलझाए रखता और दूसरा चालाकी से काउन्टर पर से नोट चोरी करता था। एक रात देर तक जब वह लड़का काम कर रहा था तो पुलिस फ़करुद्दीन और नवाब को हथकड़ियाँ लगा कर ले आई तब कहीं लड़के को दोनों की असलियत का पता चला। पुलिस के पूछने पर लड़के ने दोनों को पहचानने से साफ़ इन्कार कर दिया और कहा कि वह उन दोनों को कत्तई नहीं

जानता। फ़करुद्दीन का ख़त आज़ादी के कई साल बाद बंगला देश से आया।

उन्हीं दिनों की बात है कि फ़करुद्दीन और नवाब, बंबई की सियाह गलियों की सैर लड़के को टैक्सी में बिठाकर कराया करते। गलियों की सियाही टैक्सी की 'हेड-लाइट' से चमक उठती। अँधेरे दरवाज़े पर लटका परदा रोशन हो जाता। परदे सी लिपटी तीन लड़कियाँ पुतली बनी राहगीरों की तरफ टिकटिकी लगाए खड़ीं। बस वहीं टैक्सी का ब्रेक लगता है। फ़करुद्दीन और नवाब धड़ से टैक्सी के बाहर कूद पड़े और लड़के को ऐसे बाहर खींचा जैसे किसी बच्चे को घसीट कर स्कूल ले जाया जा रहा हो। वह लड़का नहीं जाना चाहता, उसने अभी 'होम वर्क' किया ही नहीं। उसे कत्तई नहीं मालूम कि लड़की सिर से शुरू होती है कि पैर से। हाँलाकि इस लड़के को 'फ़ीमेल फ़ॉर्म' एक एक इंच रटा हुआ है। औरत के जिस्म के उतार चढ़ाव की गहरी जानकारी। अभ्यास के लिए सैकड़ों स्केच बनाए। दस ग्यारह साल से ही लड़कियों की मौजूदगी का सख़्त एहसास। इससे पहले दादा के ज़माने में, सिर्फ मिट्टी की गुड़ियों से खेलने का शौक रहा जो दिवाली, दशहरा के मेलों में दिलाई जाती थीं।

तो चीलए फिर उस लटकते पुराने परदे से लिपटी तीन पुतलियों के पास। एक पुतली लड़के के हाथ थमा दी गई, कमरा बंद कर दिया। अब मिट्टी के खिलौने से, उसे ज़िन्दगी में असलियत का रूप कैसा दिया जाए? पुतली आख़िर पुतली ही रही, जिसकी वजह से इन

दोनो साथियों ने उसे उलझन में डाल दिया।

फिर एक और गुड़िया मिली बंबई बाज़ार के सुरमा बेचनेवाले बंबूशाह की दुकान पर, सुरमेदानी बनी बैठी। लड़के को दूर से इशारा किया। बाप बंबूशाह काले भुजंग काली दाढ़ी, लड़के की आँख में सुरमे की तीली घुमाई, शायद

जादूगर की तरह आँखों में तीसरी पुतली पहनाने की कोशिश मगर वह लड़का पहले ही पुराने परदे से लिपटी हुई तीसरी पुतली को कोसों दूर छोड़ आया था।

अब लड़का अकेला पैदल गलियों के उलझाव में गुम। हर गली के मोड़ पर ख़्यालों का एक घिराव, हर दोराहे पर औरत की एक मूर्ति, जिसका साया दुपट्टा बन कर कच्ची सड़क पर लहराए लेकिन लड़के की अन्दरूनी इच्छा इस लहराते मलमली तसल्ली से शान्त न हो सकी। उन्ही गलियों में बनी बनाई पुड़ियों के एक हकीम का ख़ोनचा लगा रहता जहाँ नामुराद नौजवानों को नुस्ख़े बेचे जाते।

वह लड़का उस ख़ोनचेवाले को पहचान न सका आगे बढ़ा। कई साल बाद ब्याहता ज़िन्दगी की पहली रात से एक रात पहले उस दरवाज़े से लटकते परदे को जो अब दुपट्टे की तरह लहरा रहा था, धीरे से उठाया, रोशनी नज़र आई, आँख की पुतली नम सी हो गई।

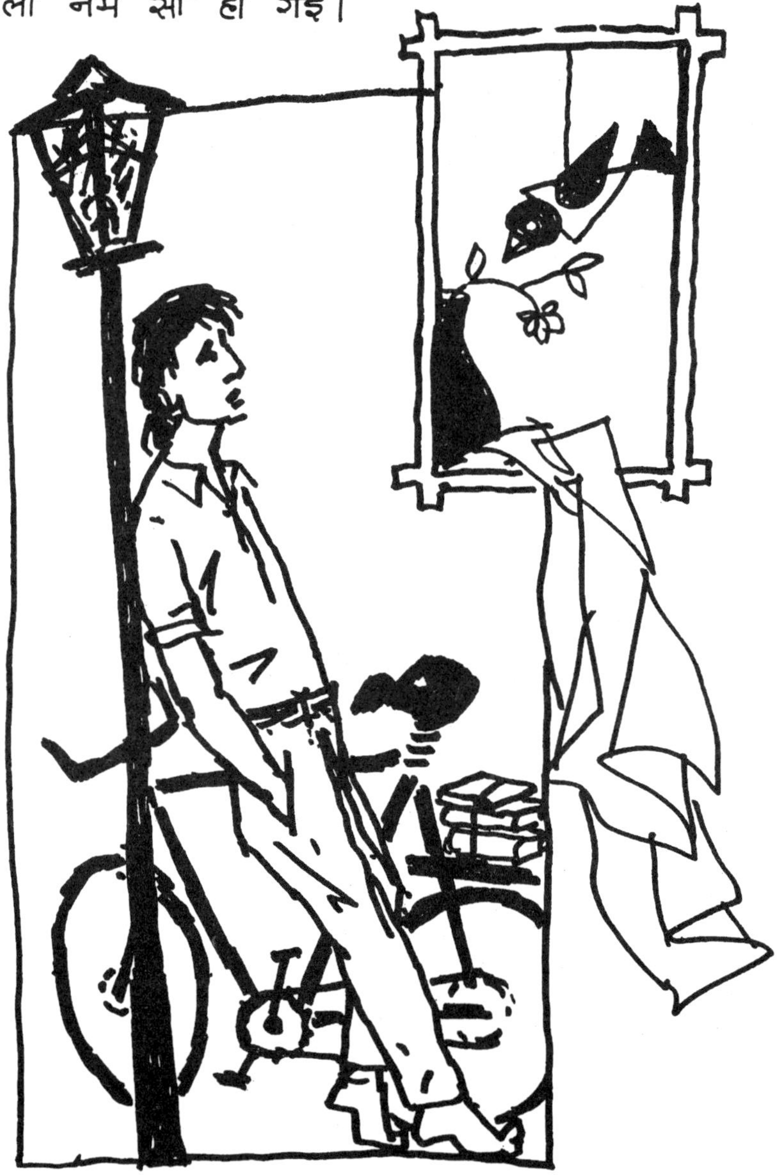

महमूदाबीबी

महमूदाबीबी, एक विधवा, ग़रीब औरत, बदरबाग़ की सुलेमानी बिल्डिंग में अपनी बेटी फ़ज़ीला और बेटे खुर्शीद के साथ एक कमरे के मकान में रहती थीं। बड़ी मिलनसार, ख़िदमतगार, मोहल्ले की हर ख़ुशी और ग़म में शरीक। बदरबाग़ की चहेती नानी अम्मा।

उसी अहाते के एक कोने में मक़बूल फ़िल्म के बैनर पेन्ट करता था। उधर दूसरी मंज़िल की बाल्कनी से महमूदाबीबी अकसर घंटों मक़बूल को नीचे फ़िल्म का बैनर पेन्ट करते देखा करतीं।

एक दिन मई की सख़्त गर्मी में खुले आसमान तले मक़बूल को देखा, बाँस की सीढ़ी पर एक हाथ में रंग का डिब्बा, दूसरे हाथ में फ़िल्म का स्टिल फ़ोटो, दो ब्रश मुँह में दबाए कुछ सोच रहा है। न्यू थिएटर की फ़िल्म 'ज़िन्दगी' का बैनर था। सहगल और जमना के दो बड़े चेहरे, आठ फ़ीट

ऊँचे और दस फ़ीट चौड़े। अचानक हाथ से रंग का डिब्बा छूट जाता है। रंग के छींटे उड़कर निचली मंज़िल की खोली की खिड़की के परदे पर पड़ते हैं। लुंगी बाँधे एक बड़े मियाँ बाहर निकले आते हैं। "अरे मक़बूल तुम! खुदा ख़ैर करे, कहीं सीढ़ी से पैर फिसलता तो? अच्छा चलो, मेरी खिड़की के परदे को देखो तो अब, जैसे खूबसूरत छींट के कपड़े का परदा हो, क्या बात है, तुम्हारे गिरते रंगो में भी जान है।"

मक़बूल को बदरबाग़ वाले बहुत चाहने लगे। ख़ास बात यह कि फ़िल्म स्टारों के रंग बिरंगे चेहरे घर बैठे, खिड़कियों से, छज्जों से पेन्ट होते देख कर वह उछल जाते। फ़िल्मी दुनिया की कोई झलक चाहे सिलवर स्क्रीन पर हो या मक़बूल के हाथ से रंगे परदे पर, उन्हें बहुत दिलचस्प लगती।

महमूदाबीबी के दिल में तो हुसेन ने घर कर लिया। उसे भी पहली बार माँ की मोहब्बत का एहसास हुआ। अपनी माँ के ख़्याली चेहरे को महमूदाबीबी के चेहरे में ढाल कर बनाना शुरु किया। ब्रश उठाया, पेशानी की हदों को बढ़ाया, ताकि बरसों के हज़ारों बोसे उसमें समा सकें, जो मक़बूल ने अपनी माँ के लिए जमा कर रखे थे। फ़िर ब्रश को आँखो की गहराइयों में डुबोया। पलकों की ज़बानी अपने क़लम की नोक को तेज़ किया। कानों में सोई हुई लोरियों को जगाया। ममता की 'मीम' (अक्षर 'म'), माँ की मोहब्बत की 'मीम', मक़बूल की 'मीम', अव्वल 'मीम', आख़री 'मीम', गोया महमूदाबीबी के चेहरे की सारी लकीरें सिमट कर 'मीम' की पहचान की शकल अख़्तियार कर गई हों।

एक दिन महमूदाबीबी ने मक़बूल को अपने घर दोपहर के खाने पर बुलाया और उससे बोलीं –

महमूदाबीबी -----"मक़बूल अल्ला तुम्हें खुश रखे, तुम्हारे हाथ की बनी तस्वीरें मेरी आँखों में हमेशा समाई रहती हैं। जी चाहता है तुम्हें सामने बिठाए रखूँ। तुम्हारी ज़ैनब अम्मा ने तुम्हारी ज़िन्दगी के लिए सात चक्कर काटे, मैं ग़रीब बेवा किस काम की।"

मक़बूल -----"अम्मा तुम तो इस वक्त सचमुच मेरी माँ हो, वरना इतना बड़ा शहर बंबई भयानक लगे। कोई रिश्तेदार नहीं बंबई में, एक दोस्त था अरशद मगर वह बड़ौदा चला गया। अब तुम ही इस अजनबी शहर में एक निशान हो, जहाँ मैं अपने आप से मिलकर कुछ बातचीत कर लेता हूँ।"

उसी वक्त एक ख़्याल मक़बूल के दिमाग़ में घूमने लगा, उसने अपने आप से बातचीत शुरू की।

ख़्याल -----"अरे, मक़बूल तू भी कितना बेवक़ूफ़ है। तेरा बाप ठीक कहता था, कि ऊँट की तरह मुँह उठाए चलता है। कुछ होश नहीं, लम्बी लम्बी टाँगों के ऊपर लम्बी गर्दन, वहीं जाकर दिमाग़ रख दिया है। ज़रा गर्दन झुका, महमूदाबीबी जिस चटाई पर बैठीं हैं उसे देख, उसपर 'जाँनमाज़' बिछी है।"

मक़बूल ------ "हाँ, हाँ देख लिया, आगे बढ़ो।"

ख़्याल ------ "उस 'जाँनमाज़' पर अक़ीक़ के दाने की तस्बीह और उसके क़रीब ही काले धागे में बँधा 'ताबीज़'।"

मक़बूल ------ "हाँ तो ताबीज़ से क्या?"

ख़्याल ------ "फ़िर वही बेवकूफ़ी नहीं समझा? अरे महमूदाबीबी ताबीज़ तेरी बाज़ू पर बाँधना चाहती हैं।"

मक़बूल चौंका, रोटी के आख़िरी निवाले को हलक़ में रोके। महमूदाबीबी की गोद में सिर रख दिया और दिल में इरादा कर लिया कि उनकी बेटी फ़ज़ीला को निकाह में लेकर ऐसा घर सजाएगा जहां महमूदाबीबी यशोदा के रूप में, उसके बिन माँ के बचपन को भुला देंगी।

उस दिन दोपहर के खाने के बाद मकबूल का सारा ध्यान कमरे और बाल्कनी के बीच लटकते परदे की तरफ़ बार बार जाने लगा। परदे की ज़रा सी हरकत उस के तवाज़ुन (संतुलन) में धीमी धीमी हलचल पैदा करने लगी।

एक दिन बैनर पेन्ट करते करते, बेतहाशा कूदता उछलता सुलेमानी बिल्डिंग की सीढ़ियों पर चढ़ता ही गया और छत पर पहुंच गया। वहां क्या देखता है,

एक लड़की मुँडेर पर झुकी नीचे पेन्टिंग देख रही है। सिर पर हवा से लहराते घने बाल सुडौल पिंडलियों को छू क्या रहे हैं, मानो गुदगुदी कर रहे हैं। छत पर किसी और को न पाकर मक़बूल ने शरारती छेड़ करने की हिम्मत की।

मक़बूल ने कहा --- "अच्छा तो यूँ दूसरों से नज़रें बचाकर तस्वीरों को आँखे फाड़कर देखा जाता है। आर्ट की बारीकियों में छुपी ख़ामियाँ तलाश की जाती हैं, शायद।"

फ़ज़ीला चौंक उठी और पलट कर बोली- "हाय अल्ला, मुझे क्या मालूम मैं तो ऊपर सिर्फ़ कपड़े सुखाने आई थी।"

मकबूल फिर बोले --- "कोई बात नहीं, मैंने कल ही एक इरादा कर लिया है, घबराओ नहीं, यही कि बहुत जल्दी तुम्हें सही आर्ट के सामने ले जाकर खड़ा कर दूँ। यह जो फ़िल्मी बैनर वग़ैरह दो तीन साल से घसीट रहा हूँ, बस बुरे वक्त को धोखा दे रहा हूँ। बंबई बाज़ार है, परदेसी के लिए, चोर बाज़ार, यहाँ ख़ाली जेब को भी जेबकतरे नहीं छोड़ते।"

फ़ज़ीला हँस पड़ी, मक़बूल ने सोचा, चलो कुफ़र टूटा खुदा खुदा करके।

एक दिन महमूदाबीबी ने मक़बूल से कहा - "आज से दोपहर और शाम यहीं खाना खाया करो, क्या है दो रोटी ज़्यादा पका दिया करूँगी। इतने दुबले हो खाते ही क्या हो, देखो अपनी हालत, धूप मे मैं देखती हूँ, इतने बड़े बड़े पेन्टिंग अकेले बनाते हो। लकड़ी का फ़्रेम भी खुद बनाते हो कमाल है इन हाथों में, जिन हाथों से काननबाला, जमना, दुर्गा खोटे जैसे ख़ूबसूरत चेहरे निकलते हैं।" मक़बूल ने जवाब दिया - "क्या करूँ अम्मा, यह फ़िल्मवाले सिर्फ़ चार आने स्कायर फ़ुट पैसे देते हैं, इसमें रंग, तेल, कपड़ा और लकड़ी सब। बढ़ई से अगर फ़्रेम बनवाऊँ तो क्या बचेगा, मेहनत तो समझ लो मुफ़्त।" महमूदाबीबी बोलीं - "हाय अल्ला यह तो ज़ुल्म है।"

कमरे के बाहर की तरफ़ छोटी गैलरी से स्टोव पंप करने की आवाज़ आई। महमूदाबीबी की लड़की फ़जीला परदे के पीछे बैठी चाय बना रही है। थोड़ी देर बाद परदा हिला, यह अम्मा को इशारा था, कि आओ और चाय की प्याली ले जाओ।

पहला घूँट लेने से पहले ही मक़बूल की आँखों में चाय का खुशरंग तैरने लगा, काफ़ी देर तक वह चाय को देखता ही रहा। महमूदाबीबी पूछ बैठीं - "क्या चाय ठीक से छान कर नहीं दी? चाय की पत्ती तैर रही होगी या मलाई, तुम्हे मलाई पसंद नहीं क्या? हैदराबादियों को तो बहुत पसंद होती है, वहाँ तो मलाई से भरी चाय को 'परदे वाली' चाय कहते हैं।" मक़बूल थोड़ी देर के लिए उस चाय की प्याली में तैरने लगा, जिसे परदेवाली ने बनाया था।

दोपहर और शाम महमूदाबीबी मक़बूल के लिए खाने पर इन्तज़ार करतीं। कभी कभी दो रोटियों में गुड़ की डली रख कर कागज़ में बाँध देतीं, ताकि भूख लगे तो चाय में डुबो कर खा सके।

सुबह से शाम तक मक़बूल दादर और अंधेरी में फ़िल्म कम्पनियों के चक्कर लगाता, नए आर्डर के चक्कर में और उससे ज़्यादा, पैसे की वसूली के चक्कर में।

जैसे जैसे वक़्त गुज़रता गया, महमूदाबीबी मक़बूल की ज़िन्दगी में माँ बन कर उभरने लगीं। सारे मोहल्ले में घर घर जाकर तारीफ़ करते न थकतीं। उन्हें तस्वीरों से एक अजीब लगाव था। नव्वे बरस की उमर में जब उनकी मौत हुई, तो उनके पास रखी छोटी सी टीन की संदूकची खोली गई, जिसमें उनकी निजी चीज़ें रखी थीं। उन चीज़ों में न ज़ेवर थे न रुपया पैसा, न कपड़ा लत्ता बल्कि एक पुलिंदा मिला. अख़बार में छपीं मक़बूल की तस्वीरें का और उस पर लिखे गए लेखों की कतरनों का. और मिले टूटी हुई तस्बीह के दाने, एक काजल की डिबिया और काले धागे में बँधी 'तावीज़'।

फ़ज़ीला बीबी

सतारा की एक लड़की अपनी विधवा माँ महमूदाबीबी के साथ चली। सात आठ साल की उमर में लड़कियों के बोर्डिंग स्कूल बड़ौदा में रही। इत्तफ़ाक देखिए, मक़बूल भी इन्दौर से लड़कों के बोर्डिंग स्कूल बड़ौदा में दाख़िल हुआ। मुग़लवाड़ा की सुलेमानी मस्जिद आते जाते ज़रूर किसी न किसी गली में क़दम मिले होंगे, दो क़दम ही सही।

वह अनजाने क़दम जो बरसों बाद

ज़िन्दगी के एक खूबसूरत मोड़ पर आन मिले। जो आज तक़रीबन पचपन साल से क़दम-ब-क़दम हैं, हमसफ़र हैं।

फज़ीला के क़दम जमे हुए उन्हें ज़्यादा चलने का शौक़ नहीं। मंज़िल, मकान, खिंच कर उनके क़दम छूते रहे। लेकिन मक़बूल के पैर, पालने से बाहर निकलते ही गर्दिश में। फज़ीला के क़दम अगर मक़बूल की किस्मत में न आए होते तो उसकी इमारत बेपाया होती। हवा का एक हल्का झोंका उसके ताशघर को ढा देता।

मक़बूल के ताशघर में एक मनचला जोकर है, बहरूपिया है, रूप और भेष बदल कर मंच पर आता

रहता है। न हँसाने, न रुलाने, सिर्फ़ दिखाने।

एक राजा है, उसकी रानी है। एक आज़ाद गुलाम भी है। इक्का, दुग्गी, तिग्गी है। चौव्वा पंजा है। छक्के छुड़ाए ऐसा छक्का है। सत्ते से दूर बैठी ऐंठी अट्ठी है। और आख़िर नहले पर दहला भारी है। मक़बूल का खेल जारी है, जिसके बैकड्राप पर फ़ज़ीला के छः बच्चों की मीनाकारी है।

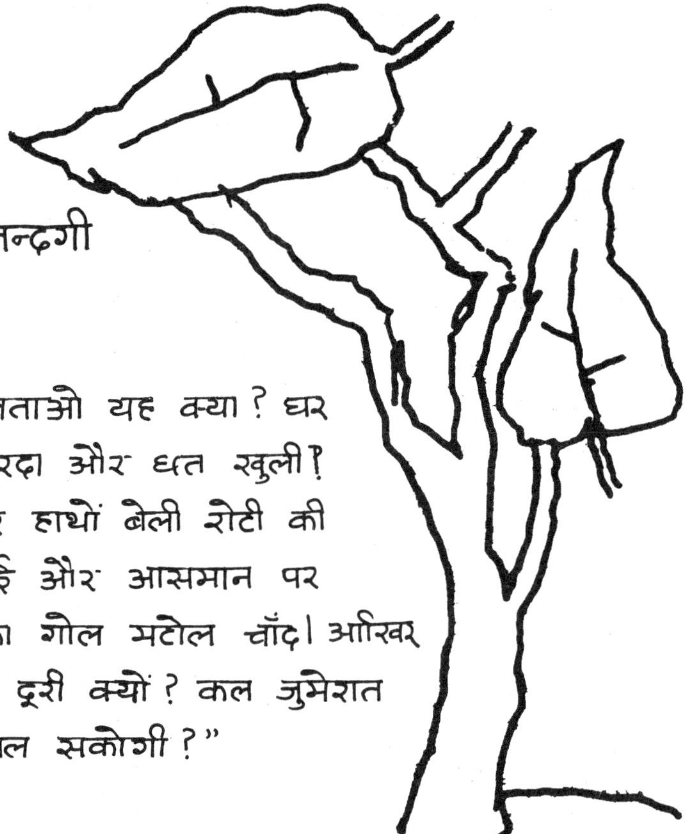

ब्याही ज़िन्दगी

मक़बूल—— "अब बताओ यह क्या? घर में परदा और छत खुली! तुम्हारे हाथों बेली रोटी की गोलाई और आसमान पर चिपका गोल मटोल चाँद। आखिर इतनी दूरी क्यों? कल जुमेरात है, मिल सकोगी?"

फ़ज़ीला-—— "जुमेरात है तो क्या हुआ?"

मक़बूल-—— "कल जुमेरात है तुम्हें याद नहीं? हर जुमेरात को अम्मा मग़रिब की नमाज़ से पहले, मौलवी शब्बीर हुसैन के यहाँ फ़ातिहा पढ़वाने जाती हैं। तुम यूँ करना, बाल्कनी में लाल साबुन की डिबिया रख देना, मैं समझ जाऊँगा कि अम्मा कमरे से जा चुकी हैं। मैं दो मिनिट के लिए तुमसे मिलने आऊँगा, एक खास बात कहनी है।"

फ़ज़ीला-—— "हाय अल्ला, मेरे तो अभी से पसीने छूटने लगे।"

उस जुमेरात के बाद बदरबाग़ के बड़े बूढ़ों में बात चलने लगी कि महमूदाबीबी आखिर क्या देखकर मक़बूल के रिश्ते को अपनी बेटी के लिए मंज़ूर कर रही हैं। ठीक है आर्टिस्ट है पेन्टर है लेकिन आज डेढ़ दो साल से देख रहे हैं क्या कमाया? रहने के लिए एक खोली भी किराए पर नहीं ले सका। सुना है कि दो चार महीने के खाने के पैसे भी उधार हैं। बेचारी विधवा के खुद हाथ तंग, लाख समझाओ बुढ़िया नहीं मानती। कहती है "बस मैं अपनी बेटी दूँगी तो मक़बूल को दूँगी।"

सुलेमान बिजलीवाला बदरबाग़ कम्पाउंड में जमा गिरोह से बोले "भई सुनो मुझे तो मक़बूल एक शरीफ़ लड़का दिखाई देता है और हाँ, कई साल पहले देर से रात को वह एक पुलिसवाले के साथ मेरी खोली पर आया, सात रुपए ज़मानत के माँगे। मैने पूछा भी नहीं कि क्या हुआ झट से रुपए हाथ में थमा दिए लेकिन दो महीने के अन्दर उसने लौटा दिए। बाद में पूरा किस्सा सुना जो बहुत दिलचस्प है, फिर कभी सुनाऊँगा।"

"मगर पुलिस, जमानत, आधी रात?" सब एक साथ बोल उठे। "इसमें कोई गड़बड़ घोटाला नही था, मक़बूल ने कोई लफड़ा नही किया था। सीधा सादा है, शायद बंबई में रहने लायक नहीं, इंदौर में अच्छा था।" बीच में अनवर मियाँ बोल पड़े, "फिर काहे को बंबई आया?" सुलेमान ने कहा. "इन्दौर में बैठ कर उसके आर्ट का क्या हो सकता था। वहाँ पेन्टर की पहुँच छतरियों पर नाम लिखने और शादी ब्याह में दुल्हन की

संदूकची पर फूल पत्तियाँ बनाने और नसीहत के शेर लिखने तक है जैसे - 'मिटा दे अपनी हस्ती को अगर कुछ मर्तबा चाहे
कि दाना ख़ाक में मिलकर गुलो गुलज़ार होता है'
यह मैंने खुद देखा। बड़ौदा में एक शादी थी, मोहम्मद शाकिर बंबईवाले की। मक़बूल ने उसकी दुल्हन सुरैय्या की संदूकची पर बड़े प्यार से पेन्ट किया था। ज़मीन पर गिरा हुआ चमकता दाना, उस दाने पर फूटता पौधा। उस पौधे की बेल, फूल लिए आसमान चढ़ी, सात सितारों के झुंड जा मिली।

अनवर मिर्चीवाले बोले - "यह आर्ट बहुत ऊँची चीज़ है, कौन समझेगा, सुलेमान बिजलीवाला

साहब, तुम मक़बूल के साथ बड़ौदा के मदरसे में थे, तुम भी नहीं पहचान सके उसे? और एक ख़ास बात जो शादी वालों ने नोट नहीं कि वह यह, कि मक़बूल ने अपना नाम बहुत बारीक लफ्ज़ों में, ठीक उस दाने के नीचे लिख दिया था। (मेरा ख़्याल है कि वह संदूकची सुरैय्या के नज़दीक पाकिस्तान में आख़िर दम तक रही।)

जब कभी बंबई में अरशद यह लाइन गाते- 'एक नया संसार बसाएँ, एक नया संसार' तो मक़बूल तड़प उठता और जी चाहता कि फ़ौरन टिकट ख़रीदकर बड़ौदा पहुँच जाए। वह फ़िल्म 'देवदास' का ज़माना था, जिसका यह गीत मशहूर था 'मुरीतया जाकी मतवाली, उमरिया बाली।' इस ज़माने में मक़बूल और सुरैय्या के इंदौर और बड़ौदा में चर्चे थे।.

बंबई १९५१ बालाराम स्ट्रीट, ग्रांट रोड। मामूली हैसियत के पारसियों का मोहल्ला। वहीं एक अहाता बदरबाग़। अंग्रेज़ों के ज़माने के चीफ़ जस्टिस बदरुद्दीन तैयबजी ने वक्फ़ किया, जमाते सुलेमानी के लिए। चॉल क़िस्म की तीन इमारतें, मामूली तीन मंज़िला ढाँचा - 'यमनी बिल्डिंग', 'सरमाया बिल्डिंग' और 'सुलेमानी बिल्डिंग'।

ग्यारह मार्च १९५१ की रात से मक़बूल ने अपनी घरेलू ज़िन्दगी, यमनी बिल्डिंग खोली नम्बर ग्यारह से शुरू की। उसने मोरलैन्ड रोड के उस्मान, विक्टोरिया (ताँगा) वाले के गिराज को उस रात अलविदा कहा। बदरबाग़ के

मोहम्मद नासिर पोस्टमैन ने दो में से एक कमरा, मक़बूल दोस्त को इसलिए दिया कि उसी शाम मग़रिब की नमाज़ के बाद, बदरबाग़ के मौलवी हाजी शब्बीर हुसैन ने, फ़ज़ीला बिन्त महमूदाबीबी को बएवज़ चालीस रुपये महर, मक़बूल से निकाह में बाँध दिया। बदरबाग़ के शब्बीर हुसैन, महमूदा-बीबी के दामाद, अपनी ही चॉल के पाँच दस पड़ोसी बाराती। रिश्तेदार में सिर्फ़ बाप और रसम के धुआरे।

निकाह से एक घंटे पहले मक़बूल सिनेमा का बैनर पेन्ट कर रहा था। इत्तफ़ाक देखिए कि फ़िल्म का नाम 'लगन' न्यू थियेटर की फ़िल्म जो दूसरे दिन मिनर्वा थियेटर में रिलीज़ होने वाली थी। मशहूर अभिनेत्री काननबाला

का चेहरा दस फ़ीट लम्बे चौड़े बैनर पर उतार रहा था। आधी खुली नीली आँखें, गुलाबी गाल, पीली पेशानी (माथा) और अधखुले होठों पर मचलता नग़मा। उस पर मक़बूल के ब्रश का तूफ़ानी नृत्य।

इधर चाँद सी पेशानी पर मँड़राते घने बाल, जमीन को छूते हुए। सुरमई आँखें, सजीली और शर्मीली, पाकीज़ा रंगो- रुख़सार, होठों की हरारत से तराशा चेहरा, ऐसे, जैसे रहल में कुरान।

मक़बूल आधी रात गए फ़ज़ीला के कमरे में दाखिल होता है। दो रक़ात नमाज़ शुक्राना, दुल्हन के दुपट्टे पर। फिर घुटनों के बल दुआए बरकत। क्या कहने दुआएँ मक़बूल की, चार बेटे और दो ख़ूबसूरत बेटियाँ।

१२ मार्च १९४१ बंबई, ब्याही ज़िन्दगी की पहली सुबह। आँख खुली तो मसहरी की छत से चंद मोगरे के फूलों की लड़ियाँ लहराती नज़र आईं। तकिए पर कुछ गुलाब की पखुड़ियाँ चिपकी हुई। रेशमी हरा लिहाफ़ तय करके करीने से रखा हुआ। सामने की कुर्सी पर चार पाँच पैकेट और डिब्बे रंगीन चमकदार कागज़ में लिपटे दिखाई दिए; शादी के तोहफ़े अभी खोले नहीं गए थे। उन में ताज प्रेस की कुरान शरीफ़ और रहल, मोहम्मद नासिर पोस्टमैन अपने नए पड़ोसी पेन्टर दोस्त के लिए एक दिन पहले ही ताख़ पर रख गया था। उसके नज़दीक मैसूर अगरबत्ती की राख से पता चला कि उस रात चालीस

अगरबत्तियों की महक इसी कमरे में घूमती रही। बिस्तर की बग़ल ख़ाली। मक़बूल की दुल्हन स्टोव पर चाय का पानी चढ़ा चुकी है। स्टोव की आवाज़, सवेरे जब नल में पानी आना शुरू होता है, उस पानी के नल की खँखारने की आवाज़। दरवाज़े के बाहर दूध वाले भैया की पतीली में दूध उँड़ेलने की आवाज़। बाएँ पड़ोस के इनायत हुसैन के सातवें बच्चे के बिलबिलाने की आवाज़ और 'अल्ला ही देगा' बाहर फ़कीर के चिल्लाकर गाने की आवाज़। इन आवाज़ों को लेकर मक़बूल ने नई ज़िन्दगी का पहला दिन शुरू किया।

मक़बूल फ़िल्म का दीवाना

मक़बूल फ़िल्म का दीवाना स्कूल के ज़माने से ही रहा। सिर्फ़ देखने की हद तक ही नहीं बल्कि बनाने का ख़्वाब देखने लगा। मक़बूल अपने दोस्तों से यह कहते सुना गया है कि पेन्टिंग हाशिये (बाहरी किनारा) पर, सारा ध्यान है फ़िल्म मीडियम पर। यही इस सदी की 'कम्पोज़िट कल्चरल' ज़बान है। इस में बकौल मिर्ज़ा ग़ालिब के 'जन्नते निगाह', 'फ़िरदौसे गोश' शामिल हैं।

इंदौर से बंबई पहुँचने पर मक़बूल की पहुँच फ़िल्म स्टूडियो के दरबान तक हुई और आगे बढ़ी तो 'मलिकाए हुस्न' नसीम बानो या 'आशिके ज़ार' दिलीप कुमार (नसीम बानो के होने वाले दामाद) के ड्राइवर पर आन रुकी। गेट के बाहर खड़े नसीम बानो को लिमोज़ीन में आते जाते घूर

कर देखा करता। एक दिन उस से रहा न गया, उस परी चेहरे का एक ख़्याली पोस्टर पेन्ट कर डाला। उन दिनों नसीम बानो के पीत अहसान अपनी फ़िल्म 'उजाला' फ़िल्मा रहे थे। यह उजियाला पोस्टर लेकर अहसान साहब को मिलने गया ताकि फ़िल्म बैनर का काम मिल जाए तो कुछ नज़दीकी हासिल हो। हुआ यह कि अहसान मियाँ ने दो मिनिट में ही मक़बूल को टरका दिया, हाँलाकि उस दिन मक़बूल तीन पीस सूट और क्लीन शेव में लार्ड कर्ज़न की औलाद लग रहे थे। वहां से ए॰ आर॰ कारदार स्टूडियो गए, उनके 'बाग़ी सिपाही' का गीत 'बाग़ों में पड़े झूले, तुम भूले हम तुमको नहीं भूले---' पंजाबी धुन और झटके, लटके से हीरामंडी की हिरोइन गा रही थी, नाच रही थी। कारदार साहब को नाचती रंगीली रमोला की पेन्टिंग दिखायी (मक़बूल ने नसीम बानो की पेन्टिंग की पिछली तरफ़ रमोला को पेन्ट किया ताकि मौक़े के मुताबिक तस्वीर का चेहरा बदला जा सके।) यह चाल भी फ़ेल इसलिए कि रमोला के गाल गुलाबी नहीं और न होंठ रस भरे गुलाबजामुन।

मक़बूल ने हार नहीं मानी, घर नहीं लौटा। वहाँ से दादर सर्कल पर ईरानी रेस्टोरेन्ट गया। एक गिलास पानी और सिंगल चाय आर्डर की, कागज़ निकाला 'विनसर न्यूटन' का वॉटर कलर का डिब्बा (हमेशा पतलून की हिप पॉकेट में) निकाला। एक फ़िल्म सेट का रंगीन डिज़ाइन वहीं मेज़ पर बनाया। अकबर का दरबार जहाँ बीना राय का नाच 'अनारकली' के रूप में। दादर से लोकल ट्रेन पकड़ सीधा गोरे गाँव फिल्मालय स्टूडियो पहुँचा।

हर फन
मौला
शकीला बानो भोपाली

एस॰ मुखर्जी फिल्म 'अनारकली' के डाइरेक्टर को सेट का डिज़ाइन दिखाया। पसंद किया और उस का इस्तेमाल तो किया गया, पर न पचहत्तर रुपए भुगतान के मिले और न टाइटिल पर ही क्रेडिट मिला। चलो फ़िल्म से कोई रिश्ता तो बँधा, कच्चे धागे से सही। इस बीच तीस साल बीत गए। मक़बूल ने एम॰ एफ़॰ हुसैन कहलाने में सैकड़ों पेन्टिंग्स किए, बीसियों बार सात समुन्दर पार किए।

बस अचानक ही एक घटना घटी। लाल बहादुर शास्त्री प्रधान मंत्री बने और इन्दिरा गाँधी को मंत्री सूचना और प्रसारण का क़लमदान थमाया गया। आते ही क़लम उठाया और हुकुम जारी किया। सरकारी संस्था 'फ़िल्म डिवीज़न' जो फ़िल्मी आर्ट को बढ़ावा देने कोई पच्चीस साल से क़ायम और ग़ैरज़िम्मेदार अधिकारियों का शिकार, उसे पेरिस में 'यूनेस्को' के फ़िल्म विशेषज्ञ ज्याँ भावनागरी की सलाह पर कुछ दिन चलाया जाए।

पहली राय कि नई राहें और नए ख़्याल पैदा करने के लिए फ़िल्म न बनाने वालों को इस मीडिया पर अपनी मर्ज़ी से काम करने दिया जाए। संगीतज्ञ, पेन्टर, कवि और साहित्यकार आदि। इसीलिए चुनाव करते समय सबसे पहली नज़र एम॰ एफ़॰ हुसेन पर पड़ी। हुसेन तो ख़ुशी से चौंक उठा और बेधड़क कूद पड़ा इस मैदान में। सारे हैरान, दोस्त परेशान कि सिर्फ़ एक पेन्टर इस 'हाईटेक' फ़िल्म मीडियम को कैसे अपना सकेगा जो आज तक ग्राफ़िक आर्ट, लिथोग्राफ़ी, सिल्कस्क्रीन आदि से भी मुँह छुपाता रहा।

'फ़िल्म डिवीजन' के प्रोड्यूसर ने हुसेन से कहा कि कुछ दिन 'फ़िल्म क्राफ़्ट' के विभिन्न विभागों से जानकारी लो। कैमरामैन से मिलो, एडीटिंग रूम में बैठो। साउन्ड, लाइट इंजीनियर और आख़िर में म्यूज़िक डाइरेक्टर के पास जाओ।

हुसेन एक फ़ैसला अपने दिल में

कर चुका है कि फ़िल्म बनाने में तमाम जाने माने तरीक़े और घिसे पिटे नियमों को तोड़ फेंका जाए। इसीलिए सबसे पहला विद्रोह, सरकारी प्रोड्यूसरों के आदेशों का विरोध।-

पूछा गया -----"फ़िल्म किस बात पर होगी?"

कहा ----"राजस्थान के तीन शहरों में शूटिंग - बूंदी के तालाब में नहाती गोपियाँ, क़िला चित्तौड़ के बहादुर राजपूत और जैसलमेर की सुनहरी गलियाँ, रेतीले कारवाँ। राजस्थान होने के बावजूद फ़िल्म रंगीन नहीं होगी।"

पूछा गया ---- "कहानी क्या?"

कहा ---"कोई कहानी किस्सा नहीं; न किसी ज़बान के लफ़्ज़, सिर्फ़ 'इमेजेज़' के साथ आवाज़ हो, सुर हो, लय हो, कुछ शक्लें, कुछ सूरतें बेमौक़ा बेवजह नज़र आएँगी। एक छतरी, एक लालटेन, साथ एक राजस्थानी जूता। पास में खड़ी गाय, जिस के बदन पर एक तरफ़ कृष्ण दूसरी तरफ गोपियाँ।"

पूछा गया ----"फ़िल्म का उद्देश्य क्या? और संदेश क्या?"

कहा --- "सिर्फ़ 'विज़ुअल एक्सपीरियंस'।"

जान बूझ कर फ़िल्म स्ट्रिप से किसी भी दृश्य, किसी भी अर्थ को मिटा दिया गया है। फ़िल्म में लालटेन के कोई मायने नहीं। यह जूता या छतरी फिर उनके साथ यह गाय कहाँ से आ गई। लोगों की आम आदत कि लालटेन को देखने के बजाए, चारों ओर उसकी मौजूदगी की वजह ढूंढते हैं।

वह जल रही है तो ज़रूर रात, बुझी है तो दिन। दिन रात का दख़ल न हो तो लालटेन ख़राब मगर यह कोई नहीं देखता कि लालटेन का किस नाज़-ओ-अन्दाज़ से ज़मीन पर टिकना, उसके पेंदे की गोलाई से उठती दो संतुलित बाँहों के बीच आहिस्ता से धरी शीशे की चिमनी, गुम्बदे मीनाई और सम्पूर्ण ब्रह्माण्ड का एक सिमटा हुआ उजाला।

यह लालटेन कहीं ताक़ या मेहराब की डोली में परदे में छुपी, कहीं बूंदी के बाज़ार में बेपर्दा। छतरी कहीं अपना काला दुपट्टा फैलाए पतंग की तरह हवा में झूमती, रानी रूपमती के स्नान कुंड में डुबकी लगाती। किश्तीनुमा एक जूता कहीं विशाल राजस्थान की सतह पर बड़े बाँकेपन से ठहरा। रेत की लहरों का गावतकिया लगाए राजा की तरह विराजमान। गाय

के सिर पर सजे सींग जैसे दूज का चाँद, दूध की रोशनी में धुला बदन।

इन सवालों और जवाबों की खींचातानी में न मालूम कैसे यह बीस मिनिट की अवधि वाली फ़िल्म पूरी हो गई। हुसेन खुद ताज्जुब में। फ़िल्म कहलाने का संदेह। फ़िल्म डिविजन के अधिकारियों ने देखा, फ़िल्म आर्ट के ठेकेदारों ने देखा। सब ही एक आवाज़ में चिल्ला उठे, कि एम. एफ़. हुसेन का एक नया तमाशा। फ़िल्म मीडियम का मज़ाक। हाँ, फ़ुटेज काफ़ी आकर्षक हैं, लेकिन यह जूता, छतरी, लालटेन का क्या मतलब।

हुसेन का हौसला और बढ़ा और अपनी फ़िल्म का डिब्बा बगल में दबाए न्यूयॉर्क उड़ा। वहाँ 'म्यूज़ियम ऑफ़ माडर्न आर्ट' के अभिभावक को फ़िल्म दिखाई गई, इतनी ज़्यादा पसंद की गई कि म्यूज़ियम के संग्रह में रखने की इच्छा प्रकट की। हुसेन ने कहा - "आप फ़ौरन मेरी सरकार को लिखें, वरना फ़िल्म डिविज़न इस फ़िल्म का सत्यानाश करके रख देगा।"

जैसे ही पत्र सरकारी दफ़्तर दिल्ली पहुँचा, सरकारी कुर्सियों की चूलें चूँ चूँ करने लगीं। अपनी इज़्ज़त बचाने इस फ़िल्म को जर्मनी के 'बर्लिन फ़िल्म फ़ेस्टीवल' में भेज दिया गया। वहाँ फ़िल्म डिविजन की और दुर्गति हुई। यह फ़िल्म 'गोल्डन बियर' का मैडल लटकाए हिन्दुस्तान लौटी।

अब कुर्सियाँ क्या करतीं। हुसेन को

बुलाना पड़ा और नेशनल फ़िल्म अवार्ड का एक छोटा सा काँसे का मैडल, 'गोल्डन बियर' के पास चिपका दिया। मंत्रियों के भाषण हुए और बेआवाज़ तालियाँ बजीं।

छः पेन्टिंग का हक़दार

जब भी हुसेन के ब्रश से कोई अहम् (महत्वपूर्ण) पेन्टिंग बनी तो यह ज़रूर हुआ कि फज़ीला ने ज़च्चाख़ाने जाकर, हुसेन चाहे जहाँ भी हों, उन्हें तार से एक नए बच्चे के पैदा होने का ऐलान किया। इस तरह से हुसेन सिर्फ छः पेन्टिंग करने का हक़दार है। बाक़ी ज़िन्दगी में जितनी पेन्टिंग की, उनका जमादार।

मुस्तफ़ा गोल मटोल हँसता। हर किसी

की गोद में खेलता। टेल्कम बेबी पाउडर के डिब्बे पर रेंगता गुलाबी सेहतमंद बच्चा। फ़िलिप्स बल्ब के पोस्टर पर रोशन चेहरा। इसके बाद यमनी बिल्डिंग कमरा नम्बर ग्यारह में चौथा चिराग़ रोशन। फ़ज़ीला इस चिराग़ को गोद में लिए देख रही है दीवार की तरफ़। मक़बूल एक पन्द्रह फुट लम्बा कैनवस दीवार पर लगा रहा है। दीवार की लम्बाई दस फ़ुट होने की वजह से कैनवस के बचे पाँच फुट मोड़ कर दूसरी दीवार पर लगाया। एक ख़ास पेन्टिंग। पहली 'नैशनल आर्ट एक्ज़ीबिशन दिल्ली' के लिए बनाई जा रही है। पेन्टिंग का शीर्षक 'ज़मीन'। हिन्दुस्तानी देहाती ज़िन्दगी का 'पेनोरमा'।

दस ग्यारह ख़ानों में बँटी छोटी छोटी कई कहानियाँ, जैसे पिछवाई पर कृष्ण की कहानी या महाभारत का मार्का (युद्ध) 'क्लासिकल नैरेटिव' आर्ट का। एक लिहाज़ से आधुनिक शैली की तर्ज़ और मिज़ाज का देश भर में तजुर्बा। 1955 का यह तजुर्बा, नैशनल सतह पर खूब सराहा गया। पेन्टिंग विलायती ईज़ल से उतरकर, गाँव के गोबर से लिपी दीवारों से जा मिली। ईज़ल के शैदाई, ड्राइंगरूम पेन्टिंग के कलेक्टर, साहिबान के बात कुछ पल्ले नहीं पड़ी।

मक़बूल का सबसे छोटा लड़का उवैस पच्चीस बरस का हो रहा है। सबसे बड़ा शफ़ात पचास का। औलाद के मामले में मक़बूल निहायत खुशबख़्त। फ़ैमली प्लानिंग खुद बखुद इस तरह होती गई और दर्ज़े पर दर्ज़े इस तरह ढलते गए, जैसे किसी प्लान के तहत पचास साल के प्रोग्राम पर बाक़ायदा अमल किया जा रहा हो।

1941 मार्च में फ़ज़ीला बिन्त महमूदाबीबी से शादी। सन् इकतालीस की ही दिसम्बर में शफ़ात का जन्म। उसी साल सिनेमा होर्डिंग का पेशा बन्द कर आठ से पाँच बजे की नौकरी में बँध गए, बच्चों के खिलौने और फ़र्नीचर के कारख़ाने में। तनख़्वाह पच्चीस रुपए महीना। उसके बाद शमशाद। फिर तीसरा लड़का शब्बीर, साढ़े तीन साल की कमसिनी में खेलते खेलते दो मंज़िला बाल्कनी से गिर कर दम तोड़ दिया। हुसैन के घर शब्बीर का एक दर्दनाक हादसा। महीनों खिलौने टूटे पड़े रहे। बस अचानक एक नन्हीं सी चूड़ी घर के आँगन में दौड़ती आई। सारा घर रोशन हुआ। दो चमकती आँखें लिए रईसा पैदा हुई।

तीन लड़कों के बाद घर में चूड़ियों की हल्की सी झंकार सुनाई देने लगी। पहली सालगिरह धूम से मनाई गई। राज्याध्यक्ष ने रईसा का ड्रेस डिज़ाइन किया, तीस साल बाद उसी राज्याध्यक्ष को एटेनबरो की गाँधी फ़िल्म की वेशभूषा के लिए हॉलीवुड का ऑस्कर अवार्ड दिया जाता है। रईसा का क़दम उठा, जैसे ही घर की ज़मीन छूता है। मक़बूल का क़दम उठा और दुनिया जहान के सफ़र पर चलना शुरू किया। पहला क़दम 1952 में चीन की सरज़मीं पर रखा। जब से चला तो चलता ही रहा। पचास साल से यह क़दम फिर कहीं ठहरा नहीं।

सन् 1947 में हिन्दुस्तान आज़ाद होता है। इसी साल मक़बूल छः साल की नौकरी-बामशक्कत से रिहा, हिन्दुस्तानी आर्ट की दुनिया पर टूट पड़ते हैं। पहली बार सन् 1947 में ही मकबूल 'बाम्बे आर्ट सोसाइटी ऑफ़ इंडिया' की सालाना नुमाइश में वॉटर कलर पेन्टिंग लेकर दाख़िल हुए। वह पेन्टिंग थी ग्रांट रोड के ईरानी रेस्टोरेन्ट की मार्बल टेबल पर बैठा तीन साल का शमशाद। मक़बूल ने वहीं शमशाद को मॉडल बना कर पेन्ट किया।

शफ़ात, शमशाद और शब्बीर, तीन लड़कों के बाद पैदा हुई लड़की रईसा फिर मुस्तफ़ा और उवैस आए। दूसरी तरफ फ़ज़ीला एक ही वक्त में दुल्हन का शर्मीला हुस्न पहने और होने वाले छठे बच्चे की ममता की मुस्कान के दरमियान (बीच) आई अक़ीला। किसी ने मक़बूल को लाल तिकोन यानि फ़ैमिली प्लैनिंग की याद दिलाई और कहा सिर्फ़

एक बार कहो 'दो या तीन बस'। वह दो बार कह उठा और छः औलादों से नवाज़ा गया।

शफ़ात की पैदाइश पर मक़बूल दादर के फ़िल्म स्टूडियो में फ़िल्म सोसाइटी के ग्यारह बैनर्स पेन्ट कर रहा था। अकेले दिन रात काम किया पाँच दिनों तक। उस वक़्त के० आसिफ़, अपने मामू नज़ीर (एक्टर, डाइरेक्टर, प्रोड्यूसर) और मुमानी सितारा (एक्ट्रेस, कथक डान्सर) के साथ कुछ दिन रहे। मुमानी से इश्क कर बैठे और दोनों भाग गए।

के० आसिफ़ ने 'मुग़ले आज़म' बनाई और उसमें एक बेतुका गाना 'प्यार किया तो डरना क्या' डाइरेक्ट किया। एक दिन आसिफ़ ने मक़बूल से पूछा- "क्या तुम सही जन्नत का नक्शा खींच सकते हो? मेरी आने वाली फ़िल्म 'मोहब्बत और खुदा' के लिए। तुम्हारे स्केच से ज़मीन पर

एक नई जन्नत का आलीशान सेट बनाना चाहता हूँ।" स्केच तो बन गया मगर आसिफ़ साहब ही चल दिए। 'खुदा' मुकम्मल (सम्पूर्ण) पर 'मोहब्बत' अधूरी रह गई।

शफ़ात को चूड़ीदार पायजामा और नेवी ब्लू पर सफ़ेद बुन्दकी वाली अचकन पहनाकर ग्रांट रोड फ़ोटो स्टूडियो में तस्वीर खिंचवाई। एक तरफ़ खड़े हैं हुसेन, काली दाढ़ी और काली टोपी।

जिस सुबह ईरानी रेस्टोरेन्ट में शमशाद को मॉडल बना वॉटर कलर पेन्ट किया, उसी रात, आधी रात गए, शमशाद को पालने में सुलाया। पालने पर कपड़े का हरा तोता लटकाया। नीचे चटाई पर शफ़ात को लिटाया। फ़जीला पालने के पास ज़मीन पर बैठी हैं, आने वाले तीसरे बच्चे का ऊनी मोज़ा बुनते। दीवार पर लालटेन की पीली रोशनी। रेम्ब्राँ की पेन्टिंग का एक घरेलू दृश्य। फ़िर क्या था, फ़ौरन एक बड़ा कैनवस ताना और अपनी गृहस्थ ज़िन्दगी का पहला पेन्टिंग शुरू किया।

सुबह चार बजे पेन्टिंग पूरी हुई। दूसरे दिन दूसरा 'कॉम्पोज़ीशन', गाँव का सुनहरा ख़्वाब, जिसमें एक बैलगाड़ी, धान से लदी, चोटी पर बैठी माँ, गोद में बच्चा। किसान खड़ा बैलगाड़ी हाँकता। पीछे बँधी दौड़ती बकरी। मक़बूल ने उस पेन्टिंग को नाम दिया 'सुनहरा संसार'। सारे रंग ज़र्दी मायल यानि पीले फूलों की दहकती धूप। पिघलता सुनहरापन। गर्म पसीने से चमकता किसान का गन्दुमी बदन।

चार जुलाई, आज़ादी का दिन

आज़ादी की मशाल लिए, न्यूयॉर्क में समुन्दर के किनारे एक पत्थर के चबूतरे पर खड़ी है, 'स्टेच्यू ऑफ़ लिबर्टी,' नीले आसमान को छूती हुई। तन, तन्हा, दो सौ साल की उमर वाली, चचा सैम के देश की ज़मीन पर और उनके खानदान में शामिल।

चचा सैम ने इनकी पैदाइश का इन्तज़ाम फ्रांस में करवाया। यानि गर्भ फ्रेन्च का और स्रोत अमरीकन। एक लिहाज़ से माडर्न तरीका पैदा होने का इस्तेमाल किया गया, 'सर्रोगेट टेक्नोलजी'। माँ चाहे टिम्बकटू में हो, चचा सैम का फ्रोज़न बीज किसी भी पेट में टपकाया जा सकता है, तो यह महिला अपनी ज़ात से फ्रेन्च हैं और चलन में अमरीकन।

हाल में ही इनकी दो सौ साल की सालगिरह मनाई गई। इतने भारी भरकम जिसम को ज़मीन पर लिटा कर नहलाते वक्त लोगों को शक हुआ कि यह महिला मर्दाना हैं कि ज़नाना। डॉक्टरों को बुलाया गया, जाँच करने पर पता चला कि इन्होंने अपनी ज़ात ही बदल डाली। आखिर औरत फ्रैन्च है, खून गरम है, बरसों समुन्दर के किनारे एक आदर्श मर्द के इन्तज़ार में कब

तक खड़ी रहे। इस बिचारी के हाथ में एक जलती निशानी थमा दी और हुकुम दिया कि अपनी जगह से हरगिज़ न हटना, दुनिया भर के लोग तुम्हारे दर्शन के लिए आएँगे।

अंग्रेज़ आया अपनी तोप पर सवार और अपनी हैट, 'ख़ातूने मशाल' के क़दमों पर टिका दी। जर्मन आया 'जनूने अक़्ल' का धमाका लेकर। इटैलियन, माइकल एंजेलो का मोज़ेज़ लेकर। फ्रांसीसी दो गर्ल फ्रेन्ड्स और मोनालीसा को लेकर हनीमून मनाने पहुँचा। स्पेन अपनी हस्पानवी ज़बान बोलता। स्विस पहुँचा, चॉकलेट का ज़ायक़ा और कुकु वॉच की चौकीदारी लिए, स्कैंडिनेवियन, फ़र्नीचर। चीन अपना पूरा चायना टाउन ही उठा लाया। जापानी होंडा में बैठे 'यन' और 'यिन' के बजाए 'यन' और डॉलर की दलील लिए। हिन्दुस्तान दौड़ता बड़ी देर से पहुँचा और इस मेराथन रेस में शामिल हो गया।

हुसेन 1959 में न्यूयार्क पहुँचता है, रॉकफ़ेलर ग्रांट जेब में लिए। पार्क स्ट्रीट का तीन मंज़िला अपार्टमेन्ट, जहाँ केरेल शायर, 'पेनी' स्टोर्स की अकेली मालीकन, करोड़पति महिला रहती हैं। हुसेन उनके मेहमान बनाए गए। घर का हर दरवाज़ा, खिड़की सिक्योरिटी कोड से बंद। माइक पर अगर ग़लत कोड कहा, तो दो मिनिट में पुलिस ख़ूनी कुत्तों के साथ दरवाज़े पर हाज़िर। मैडम मेज़बान से उनके घर में रहते हुए भी सिर्फ़ इतवार की सुबह नाश्ते पर मुलाक़ात का वक़्त दिया गया।

सारे आदेश रोज़ाना शाम हुसेन को तकिए पर रखे मिलते। बंद कमरे में दाख़िल होते ही पहला हुकुम, सुबह आठ बजे ग्रैंड सेन्ट्रल स्टेशन से फ़लाँ ट्रेन

पकड़ो और फ़िलाडेल्फ़िया जाओ, वहाँ फ़लाँ म्यूज़ियम में अमरीकन आर्ट और कल्चर के सेमीनार में हिस्सा लो और फिर ट्रेन से वापसी, ट्रेन का किराया, रेस्तोराँ के बिल वग़ैरह के ख़र्चे के लिए लिफ़ाफ़े में बिल्कुल ठीक हिसाब से डॉलर रखे हुए।

ग्रांट से हफ़्तावर, पेमेंट चेक का तरीक़ा हुसेन को ठीक नहीं लगा। रॉकफ़ेलर की नौकरी तो नहीं की, कि उनके प्रोग्राम के मुताबिक़ काम किया जाए, नाहीं वह आर्ट स्टूडेन्ट।

हुसैन तो ख़ास नज़रिया लेकर अमरीकन आर्ट के उस दौर के मायने समझने आया है, जो जैकसन पोलक से शुरू होता है। अमरीकन आर्ट का यह पहला हमला है, तमाम योरूपियन कला की आधुनिक शैलियों पर। इस सदी की शुरुआत से ही सिज़ान, कैंडेनस्की, पिकासो, मतीस, दुशाँ जैसे मॉडर्न पेन्टरों का असर दुनिया के माडर्न आर्ट की समझ और दिमाग़ पर छाया रहा, कोई मुल्क नहीं छूटा। यह छा जाना कैसे अमरीका जैसा ताक़तवर मुल्क बरदाश्त कर सकता है।

अमरीकन बाजबहादुर ने अपने आर्थिक और राजनैतिक बल बूते पर 'अवाँगार्द' क्रांति चलाई। करोड़पति विधवा गोगनहायन ने जैकसन पोलक को पुचकारते हुए प्यार से कहा (पोलक महज़ एक कारपेन्टर था) "उठाओ इनेमेल का रंग भरा डिब्बा और

योरुपियन हसीना के मुँह पर दे मारो।" वह लाल, पीले हरे, काले रंग के कीचड़ कैनवस पर उछालने लगा। फिर जर्मन एमलनोड बैकमैन, रुथलोफ़ यावलेन्सकी जैसे 'वाइल्ड बीस्ट' पेन्टर्स, जिनके सेन्सिटिव ब्रश से शोलाबार रंग का लावा उबला। इन अमरीकन रंगों के ठंडे छींटों ने उसे सर्द करके रख दिया। फिर हमला हुआ 'ऑपरेशन पॉप' और 'कन्सेपशनल' आर्ट का। इन हथकन्डों से पैदा हुए 'लेचेस्टाइक', जैस्पर जोन्स, बारनेट और रोशनबर्ग वग़ैरह जो ठीक हैं मगर सबसे भड़कीला तुर्रा लगाए एण्डी वारहोल पैदा होता है और 'ग्लोबल आर्ट' मंच को अपनी जायदाद समझ बेहूदी और बेतुकी नौटंकी के करतब दिखाकर, रही सही दो सौ साल पुरानी अमरीकन तहज़ीब की तारीख़ को 'कैम्पबेल सूप कैन' और कोका कोला बोतल में बेच देता है।

इस रोशनी में ज़रा हिन्दुस्तानी लैंडस्केप पर नज़र डालें, जहाँ पाँच हज़ार साल पुरानी शाम कहीं न कहीं, किसी न किसी नदी किनारे नहाती मिलेगी। क्या, इस मंज़र की बहती लहरों को इस युग के व्यापारी चाहे किसी मुल्क के हों, क्या, बिसलेरी या कोका कोला की बोतल में बंद कर सकते हैं?

पाँचवें दिन हुसेन न्यूयॉर्क की इमारतों के जंगल में घूम रहा है। रॉकफ़ेलर के आदेशों की पर्चियाँ जेब में जमा हो रही हैं। इनमें से कई खोल कर पढ़ी भी नहीं गईं। अमरीकन आदत, कि हर बात प्रोग्राम से की जाए, हर रिश्ते

का प्रोग्राम, हर सोच का प्रोग्राम, मोहब्बत के लिए भी 'वीक-एण्ड' प्रोग्राम महीनों पहले बनाया जाता है। वरना ग़लत प्रोग्रामी आपको सेन्ट्रल पार्क की बेन्च पर दस मिनट से ज़्यादा इन्तज़ार करवाए, और हो सकता है, नाम दिया मारिलिन का और आपकी बग़ल में आ बैठें जैकलीन।

हुसेन सेन्ट्रल पार्क से पैदल 'ग्रीनिच-विलेज' में दो घंटे लेता है। 'सोहो' का निहायत दिलचस्प बातस्वीर इलाक़ा, बामज़ाक़ लोग लेकिन बेवजह बहसों में भरे कॉफ़ी शॉप। आर्ट बराए आर्ट, जिन्स बीजन्स, फ़ारख़्ता बफ़ारख़्ता। यहीं एक प्ले चल रहा है 'ओ.पी.एम.' यानि 'अदर पीपल्स मनी', पन्द्रह डॉलर का टिकट, हुसेन थिएटर में। रॉकफ़ेलर ग्रांट का लिफ़ाफ़ा उड़ने लगा। इरादा बाँध लिया, कि कल सुबह तड़के चुपके न्यूयार्क से खिसक लें, ताकि दूसरे हफ़्ते का लिफ़ाफ़ा ताकिए तक न पहुँच सके। हालाँकि इन पाँच दिनों में हुसेन बँधे प्रोग्राम से हटकर, न्यूयार्क से पहचान और दोस्ती बढ़ाने लगा। 'ओ.पी.एम.' प्ले देखने के बावजूद उसका क़ायल न हो सका।

छठे दिन, बग़ैर किसी को बताए, कैरल को कानों कान ख़बर नहीं हुई, हुसेन दिल्ली के लिए प्लेन पर सवार, सूटकेस और जूते तक पीछे छोड़ आया ताकि किसी को आहट न सुनाई दे। एक बरस तक कई अमरीकन दोस्त कहते रहे कि हुसेन को चचा सैम का चेहरा पसंद नहीं आया लेकिन हुसेन को चचा सैम से क्या लेना देना, जब कि भतीजे भतीजियाँ हुसेन को चाहने लगे।

पिछले चालीस सालों से बीसियों चक्कर न्यूयार्क के लगे जा रहे हैं, जी भरता ही नहीं, वजह यह नहीं कि हुसेन की आर्ट का वहाँ चलन है, या किसी आर्ट डीलर के लम्बी अवधि के 'कान्ट्रेक्ट' से जकड़ा हुआ हो, न किसी 'यानीकिन' ने इश्क में उलझाया हो।

न्यूयॉर्क सख़्त जान शहर, भारी भरकम शहर। बोझल इस क़दर कि अगर आप सीना तान कर न चलें तो पीस कर रख दिए जाएँ। हर क़दम पर एक चुनौती। चौबीस घंटे कमरबस्ता, ज़रा आँख झपकी, आप पीछे ढकेल दिए जाएँ। क़दम मिला कर भी नहीं चल सकते। कोशिश यह हो कि हमेशा एक क़दम आगे। रवादारी (मर्यादा) यहाँ रियाकारी (आडम्बर)। लिहाज़ अमल में झिझक। सवाल करो तो अपनी जहालत का इज़हार। इतना भी नहीं जानते? फिर न्यूयार्क आए क्यों? क्या अट्ठारवीं सदी के लंदन वासी हो? न्यूयार्क आए हो तो टाइम स्क्वायर जाओ, न्यूयार्क टाइम्स के बेशुमार ईश्तहार पढ़ो। 'मेकडोनेल' के 'टेक-अवे' हैमबर्गर लेकर, वुडी ऐलन की फ़िल्म 'न्यूयॉर्क न्यूयॉर्क' की लाइन में खड़े हो जाओ। अब तुम यही समझो कि सिनेमा हॉल के अन्दर हो। फ़िल्म का एक रुख़ बाहर, दूसरा अन्दर। अन्दर तुम्हें कहानी सुनाई जाती है और बाहर तुम खुद कहानी हो

मृगनयनी

अप्रैल १९९१, डाक्टर शरोफ़ का क्लीनिक 'मृगनयनी' चश्मे हिरन, चश्मे बुलबुल पर यहाँ चश्मे मक़बूल सीधी आँख का ऑपरेशन। बचपन में सीधी आँख में नुक़सान पहुँचाने की कोशिश की गई थी। मदरसे के एक लड़के की शरारत बल्कि बदमाशी से।

नौ साल की उमर में मक़बूल, मदरसे के बहुत से कार्यक्रमों में बढ़ बढ़ कर हिस्सा लेता, खेल कूद में अव्वल, हाकी और फुटबाल का कैप्टन, बैतबाज़ी (अंताक्षरी) व शेरो शायरी में माहिर। इसी वजह से मक़बूल उस्ताद मौलवी अकबर साहब का चहेता, पर अनवर और दूसरे बहुत से लड़कों की जलन का शिकार। आजतक मक़बूल को पता नहीं चला कि अनवर को उससे क्या दुश्मनी थी। मक़बूल की बातचीत भी नहीं उससे, बिल्कुल घुन्ना सा, छोटा क़द, गर्दन कंधों में धँसी हुई। 'पोलिज़वाले' खुशहाल व्यापारी घराने का लड़का क्योंकि अकसर वह बोस्की सिल्क की कमीज़ पहने रहता। एक दिन वह चुपके से मक़बूल के क़रीब आकर बैठ गया और अचानक अपनी मुट्ठी में बंद लाल मिर्च पाउडर मक़बूल की सीधी आँख में झोंक दिया।

मक़बूल की आँख की जलन तो आहिस्ता

आहिस्ता ठंडी पड़ गई लेकिन जलन की आग अनवर के दिल में शायद और बढ़ गई। मक़बूल ने अनवर का नाम गुजराती व्यापारियों की तरह अनवर मिर्चीवाला रख दिया।

यह ईर्ष्या और लाल मिर्च के व्यापारी अपने खून के लिए हर खुशी और रंग के मेलों में घुस जाते हैं। खुशियों और बाजों की तरंग उनके कानों को नोचने लगतीं हैं, मुस्कुराहट उन्हें चुभती है, अच्छा शेर, अच्छा कलाम उन्हें मुरझा देता है। कपड़ों की सफ़ेदी उनकी आँखों को कोरा कर देती हैं। संगीत के नूरानी नग़मे सालयरी को ईर्ष्या की सलाखों में जकड़ लेते हैं और वह आख़िरी साँस पागलख़ाने की कोठरी में मोज़ार्ट के 'रेक्वीम' (शोक गीत) से लेता है।

यह लाल मिर्च के व्यापारी, मिर्च छिड़कना जिसकी ख़सलत है, खुले ज़ख़्मों को ढूँढते फिरते हैं। खुली हवा से उनका दम घुटने लगता है। यह तंगनज़र अपनी चालबाज़ अक़्ल से, इन्सान की हौसल की हुई बुलंदियों को मिटाने में लगे रहते हैं। यह बुराई पसंद लोग, कुँवारेपन के मासूम माथे पर लगी बिंदिया को भी कलंक का टीका ठहराने से बाज़ नहीं आते।

यह रीति रिवाजों के ठेकेदार अक़्ल और समझ के पहरेदार, संस्कृति और सभ्यता के चौकीदार लट्ठ लिए बस्ती की गलियों में फिरते रहते हैं। अँधेरी रातों में खुली खिड़कियों में बंद आँखें तलाश करते रहते हैं। बंद मुट्ठी में जलन और नफ़रत की आग से उनकी उँगलियाँ झुलस रही हैं।

इस नफ़रत की इन्तिहा का बलग़म जब ज़हरीला हो जाए तो हरा हो जाता है। अनवर की लाल मिर्च हसद (ईर्ष्या) की आग में सुर्ख़ तो थी ही। वही मिर्च एक ज़माने बाद हुसेन से मिलती है, हरी कंच, ज़हर भरी। वह किसी की मुट्ठी में छिपकर नहीं आई, पिस कर अपनी शकल उसने नहीं बदली। यह हरी मिर्च छोटी छिपकली की तरह रेंगती आई। पंजाब की दीवारों पर चिपकी, सिंदूरी ईंटों पर फुदकी। बुज़ीदल हरी मिर्च को अपनी जान प्यारी, क्यों नमरूद की आतिशी (आग की) कढ़ाई में बेधड़क कूद पड़े? दिलदारी से क्या वास्ता?

मालवा की लाल मिर्च और पंजाब की हरी मिर्च इत्तफ़ाक से एक बनिए के तराज़ू पर मिलती हैं। एक दूसरे को पहचान लेती हैं। लाल मिर्च कहती है हरी मिर्च से - "मैं बचपन में मक़बूल की 'नूरे-नज़र' बनी, उनकी सीधी आँख में कुछ देर बसने का मौक़ा मिला। आँखों में समुन्दर की गहराई, लाखों 'इमेजेज़' बाहर निकलने के लिए तड़पती हुईं। काश मैं मिर्च न होती सुरमा होती। जलन न होती, ठंडक होती। मेरी क़िस्मत कहाँ कि ज़िन्दगी भर मक़बूल की नज़रों में समाई रहती।"

हरी मिर्च बोली "बहनजी बस अब चुप हो जाओ। शुकर करो कि बनिए ने ज़रा डंडी मारी और पलड़ा ज़्यादा झुक गया, हम दोनों चुटकी से बाहर निकाल दिए गए वरना आज रात 'काके दा होटल' के चिकन फ्राई में भून दिए जाते।"

मसकती खजूर

रेगिस्तान की रेत में सिंचा। धूप की चाशनी में डूबा। यह गौहरे (मोती) सहरा (रेगिस्तान)। कीमती मोती का दाना। रंग अक़ीक़, गरीबों का रफ़ीक। नबी अकरम का पसंदीदा फल। तीस रोज़ों का इफ़्तार। मक़बूल फ़ाज़ीला की रस्मे निकाहख़्वानी के बाद दस पन्द्रह बाशीतयों की मेहमाननवाज़ी भी छुआरे से ही की गई। मक़बूल का दिल-पसंद नाश्ता, खजूर में घी का तड़का, रोटी के दो लुक़मे (निवाले) और चाय की आधी प्याली। कभी बिरयानी खजूर, मुग़लई मुत्तंजन का ज़ायका। इस रेगिस्तानी फल की

परवरिश आखिर किस के हाथ ? किसी का मोहताज नहीं, 'खुददार खुदरो' (जिसे किसी ने बोया न हो) पौधा। हरफ़े अलिफ़ की तरह, कभी केलीग्राफ़ी के घूमे हुए लफ्ज़ों की तरह कमान खींचे। कभी 'कूफ़ी' कबीले की निशानी सम्भाले। तन बदन जड़ाऊ खुरदरा। पत्तों का सिर पर सब्ज़ ताज़। गले में मोतीनुमा दानों का गुच्छा। सुराहीदार गर्दन, इकहरी कमर। एक हसीना तन्हा बिना मोहमिल (ऊँट के ऊपर का हौदा) अपने 'कमाले हुस्न' को बाँटने सन्नाटे में खड़ी है। कारवाँ कई पास से गुज़रे। तेल में डूबे ऊँटों ने लिबास बदला, करवट बदली। किसी ने सदियों पुरानी बात दोहराई, "ऊँट रे ऊँट तेरी कौन सी कल सीधी।" कलपुर्जे लगे। रेतीली ज़मीन से तेल उबलने लगा। नखलिस्तान के ऊँट कुरबानी के लिए मंडी में बिकने खड़े हैं। पर ख़रीदारों की नज़रें चमकती दमकती ओटो-मोबील पर जमी हैं। मोटर पश्चिमी तहज़ीब की एक

दिलकश गिरफ़्त, सुनहरा हिरन। हर साल नित नए जिस्म लिए रूप लिए ज़र बाज़ारी के उतार चढ़ाव को रिझाने वाली। सुरमई सरमाए (धन) से चकाचौंध करने वाली तीली (सुरमे की सलाई) मुजस्सिम (साक्षात) रंगीन तितली। अन्दर जंग खाए मेटेल के ढेर। हवस की बारूद 'सर जमीने' अरब से उबलते तेल के खून की प्यासी। ऊँट प्यासा नहीं, ऊँट में ओछापन नहीं; सदियों के सफ़र में थका नहीं मगर मोटर की मशीनी रफ़्तार कहीं भी दम तोड़ सकती है। ऊँट अपनी गर्दन आसमान की तरफ़ उठाए जुगाली किए जा रहा है। ख़ेमे में खूंटियाँ वक्त की फिसलती रेत में गड़ी हैं। पास दो खजूर के पेड़, बादे (हवा) सहरा की आज़ान पर "क़बूल है" कह रहे हैं।

यह देश अरब का, सदियों जहालत के अँधेरे में घिरा, आज ज़मीन के तेल की बदौलत चिराग़ाँ है। हाँ! कहीं चिराग़ तले अँधेरा ज़रूर है। चंद उभरती मिटती ख़तरनाक लोहे की ताक़तें ऐसे फ़ानूस गाड़ जाती हैं, जो वक़्त के शेख़ बन कर रोशनी चाटने लगते हैं, 'याजूज़, माजूज़' की तरह। मक़बूल ठीक इस सदी की पैंसठवीं साल बग़दाद की उन गलियों से अरब का सफ़र शुरू करता है, जहाँ शायद 'हारुन अल रशीद' अब भी भेष बदल कर लोगों से मिलते रहते हैं।

मई की दुखती धूप में मक़बूल नंगे पैर ऊँट की तरह गर्दन उठाए चल रहा है। यहां मक़बूल को अपने बाप का वह जुम्ला याद आता है, जब इंदौर के नीज़र-जी के खम्भेवाले मकान के दीवानख़ाने में मक़बूल के बाप टाइमकीपर फ़िदा हुसेन अपने दोस्त अहबाब, काज़ी जमालउद्दीन, डाक्टर रज़ाक, मछली फ़रोश अल्लाबक्श और सेठ बंसीधर मक्खनलाल के साथ इतवारी ताश खेल रहे हैं। जब मक़बूल वहाँ से गुज़रता तो उसके बाप उसे देख कर यह फ़िकरा कसते, जो उसे खटकता "क्या ऊँट की तरह गर्दन उठाए चल रहा है।"

मक़बूल यह सुन कर कभी कभी

आयने के सामने खड़े होकर देखा करता। तेरह साल की उमर, ताड़ की तरह लम्बा, टख़नों से ऊँचा पायजामा, लम्बे लम्बे लटकते हाथ, पतली गर्दन, चिपका सीना, उस्तरे से मुंडा सिर। अपने आप से कहने लगता, "क्या हुलिया है जनाब का, वाक़ई बेतुका ऊँट की तरह जवान हो रहा है।"

गेहूँ का गुच्छा

गेहूँ, गेहूँ का गुच्छा, किस क़दर ख़ूबसूरत। वेनगोह के सनफ़्लावर से ज़्यादा दिलकश। 'सनफ़्लावर' पर जापानी 'येन' ने करोड़ों की बोली लगाकर वेनगोह की कला को नीचे गिराया। अम्मा हव्वा को गेहूँ की क़ीमत इन्सानियत आज तक नहीं चुका सकी। गेहूँ का बँधा गुच्छा बिखरा नहीं, इन्सान बिखर चुका है।

मिट्टी में लगा हुआ है पर यह ग़द्दार चूहे, काले बाज़ार की चौखट के रखवाले, गेहूँ की गिरती क़ीमत को रोकने के लिए आधे से ज़्यादा गल्ला तबाह किए जा रहे हैं। यह गेहूँ के दलाल, हमेशा फ़ायदा ढूँढने वाले लोग, आजकल के चूहे, आख़िर एक दिन धरती की दरारों में जकड़े जाएँगे।

यह गेहूँ का दाना, ज़िन्दगी का आधार, दाने में छिपा मासूम शिगाफ़ (दरार) जो दमकती चट्टानों

के दरमियान फूटता शबाब, तमतमाती धूप का रंगों रुख़सार। साँवले सावन के झूले में झूलता गंदुमी बदन। घमासान बारिश का जोश, मगर हल्की हल्की फुहार, भीनी भीनी ख़ुशबू जैसे दो बदन का प्यार। दो पाटन के बीच पिसता गेहूँ, मुक्कियों से गुँधता आटा।

रोटी हथेलियों के बीच थपथपा कर उल्टे तवे पर डाल रही जुम्मनबाई, मोहल्ले की नानबाई। जुम्मनबाई की एकलौती लड़की बतूल। सोलहवें साल की कमान की तरह। साईकल पर सवार, इंदौर के नौलखा बाग़ की झाड़ियों में उलझ कर हिरनी की तरह बेबस हो जाती। दोनों अपनी अपनी रोटियों का ज़िकर करते, मक़बूल रोटियाँ बेलने में बतूल की माँ से कम नहीं।

जुम्मनबाई से पहले घर में सुबह के नाश्ते की रोटियाँ मक़बूल के सिर। तमाम वालिदैन, चचादैन, दादादैन, माँ, भाई, बहनों वग़ैरह के लिए। आज भी मक़बूल हो या एम॰ एफ॰ हुसेन, दिन में एक बार चाय में रोटी डुबो कर शौक़ से खाते हैं। विलायत में हों तो 'होल व्हीट बिस्किट' पैरिस में हों तो डंडेनुमा ब्रेड, काबुल की तंदूरी नान, जर्मनी की मोटी काली 'ब्राउन ब्रेड'। लखनऊ की नज़ाकत भरी रुमाली रोटी (यहाँ चपाती कहना बेहतर क्योंकि रोटी का 'ट' भी उस पर भारी) देखें यह रोटी मक़बूल को कहाँ कहाँ खींचे लिए जाती है।

स्वीज़रलैंड की घड़ियों के बाद वहाँ की बेकरी मशहूर है। तो लीजिए जिनेवा में बेकर की हसीन बेटी

से यूहीं मुठभेड़ हो जाती है। १९६९ मार्च का महीना, जिनेवा की आर्टगैलरी 'ग्राँ टू मेज़ेल' में 'वन मैन शो' किया गया। जिनेवा लेक के चारों तरफ़ ऐतिहासिक इमारतों की वादी। एक ख़ूबसूरत जगह पुराने म्यूज़ियम का हिस्सा, छोटे तहख़ानों में कहवाख़ाने सजे हुए। इन्हीं तंग वादियों के उतार चढ़ाव में मक़बूल एक कैफ़े 'ग्रोतो' में दाख़िल हुआ। काउन्टर पर बेकरी और पेस्ट्री के कमालात के बेशुमार नमूने बिछे थे। केक और बिस्कुट अलग अलग शक्लों और रंगों में। मक़बूल की नज़र उठकर काउन्टर पर खड़ी बेकर की लड़की के 'क्लासिक फॉर्म' पर जाकर रुकी। सिर से पाँव तक जियोत्तो की 'मेडोना'। नाम पूछा, अंग्रेज़ी में बात चली, कॉफ़ी के दौर चले। मक़बूल की बेचैन उँगलियों

से मेडोना की ज़बान खुली, उसके कम बात करने से, उसके स्वभाव की गहराई मिली। लौरा को मक़बूल ने पुकारा लॉरीना उसने जवाब में मक़बूल को कहा 'मेक'। यह रोमान्स और रोटी का सिलसिला चला चार साल। जियत्तो के फ्रेम में लॉरीना का पोर्ट्रेट पेन्ट किया, लेकिन लॉरीना ने अपनी शादी में एम० एफ़० हुसेन के घोड़े को पसंद किया और उसे लेकर अपने पति के साथ न मालूम कहाँ चली गई। बेकरी की दुकान किसी को बेच गई। मगर अब उस बेकरी के गेहूँ की खुशबू असली नहीं।

अब सवाल उठता है, इन्सान तो खाता है सिर्फ़ दो रोटी, मगर इन दो रोटियों में, कहाँ कहाँ के और कितने गेहूँ के दाने आकर मिले। पंजाब के खेतों से, युक्रीन से, मालवा से या अमरीकी पी. एल. 480 के भंडार से। अमरीकन ग्रॉट के ख़मीरे की मिलावट थी फ़ौरन दूर से अल्लामा इक़बाल ने ललकारा – "जला दो, जला दो, इस खोशे गन्दुम को जला दो।" पी. एल. 480 जल कर ख़ाक हो गया।

युक्रीन का गुच्छा काले झंडे का निशान बना। हमारे पंजाब का गेहूँ फ़ौलादी ताक़त के इन्सान गढ़ रहा है और मालवे का गेहूँ बाजीराव की मस्तानी पैदा किए जा रहा है। दाने तो आज़ादाना, आपकी रोटी में कई जगहों से आन मिले पर हमारे दिल और दिमाग़, सरहदी सीमाओं से बँधे हैं। गेहूँ का रंग लाल हुआ।

हैदराबाद का लाड़बाज़ार

चार मीनार से लगी एक गली, जहाँ मर्दां अपनी औरतां से खूब लाड़ प्यार करते। कत्तई चूड़ियाँ पहनाताईं, गोटे लगाताईं। हाथ पैर मेंहदी से लाल पीले कर को, सिर पर खड़ा दुपट्टा डाल को, घर ले जाकर प्यार से दुल्हन बना कर बिठाताईं। सुबह सुबह सारे लोगाँ कटोरे लेकर बाहर कत्तई निकलतेईं, निहारी कुलचे लेने। बोले तो ज़रा आगे चलो 'हुसैनी अलम'। यहीं मक़बूल के अब्बा इंदौर की नौकरी छोड़ कर एक झुग्गी वाले मकान में आको रहे, समझे सर अकबर हैदरी, निज़ाम के सदरे आज़म बने हैं। यानि राजा के प्रधान मंत्री फिर सुलेमानी, नौकरी तो मिलनेइच वाली और मक़बूल हुज़ूर निज़ाम नहीं तो सर अकबर हैदरी का पोर्ट्रेट पेन्टर बन कर रहेगा। मक़बूल के अब्बा को सरकारी नौकरी तो नहीं मिली मगर सिफ़ारिश से तैय्यबजी की 'आज़मजाही टैक्सटाइल मिल' हैदराबाद से दूर वरंगल में मिली और मिली वही टाइमकीपरी।

मक़बूल के कैनवस पर न सर अकबर हैदरी का 'सर' रहा, न आज़मजाह न मौअज़्ज़मजाह न शहज़ादी नीलोफ़र न दुर्रेशहवार रहे। मक़बूल 'हुसैनी अलम' की बारह गलियों में भागमती को ढूँढने लगा। उस तक पहुँचने के लिए मूसा नदी पर कई लकड़ी के पुल बनाए।

चारमिनार की भागमती

कुली कुतुबशाह का पोर्ट्रेट बनाने गोलकुण्डा गया, लेकिन पोर्ट्रेट बनाया एक रुहानी हस्ती मोहम्मद इज़हाक ज़ियाई का। नूरानी चेहरा, जलाली शान। 1936 में सिद्दी अम्बर बाज़ार की गली में अपनी मामूली दर्जे की कपड़ों की दुकान पर बैठते। नरम मिजाज़, मेहरबान तबियत। उनकी दुकान के चबूतरे पर बैठ कर उनका स्केच किया। उन्हें भी मक़बूल की ड्राइंग से बेहद दिलचस्पी, हमेशा पूछते

रहते नुमाइश वग़ैरह के बारे में और उन्होंने भी फ़ौरन मक़बूल के हाथ से क़लम लिया और मक़बूल का स्केच बड़े शौक से बनाया, जो अब तक उसके पास मौजूद है। 1947 में वह बंबई आए और अपने बदरबाग़ के मकान में मक़बूल की सबसे पहली नुमाइश करने की इजाज़त दी।

आज चार सौ सालाह जश्ने हैदराबाद मनाया जा रहा है। एम० एफ़० हुसेन पहुँचे हुए हैं। हालांकि निज़ाम की शाही हुकूमत जाती रही और सर अकबर हैदरी से 'सर' जाता रहा पर एम० एफ़० हुसेन तुले हुए हैं कि इस दौरे कुतुबशाही, दौरे आसिफ़जाही के पुराने कमख़्वाब (ब्रोकेड) के पेवन्द, मौजूदा ज़माने की एन. टी. आर. वाली फ़िल्म सैटिंग के परदों पर लगाएं।

आजकल बड़ा धार्मिक, सामाजिक, राजनैतिक और नास्तिक आन्दोलनों से भरा समय है। हर महारथी अपने अपने रथ को तेज़ी से हाँक रहा है। चारों दिशाओं में भगदड़, रेत का धुआँ, अंधेरी धूप पर आन्ध्रा रोशन है, चमक रहा है इतिहास के पन्नों पर। क्यों सिकन्दराबाद के कट्टे पर आन्ध्रा के सपूतों की यादें मूर्ति बनी ख़ामोश खड़ी हैं। एन टी आर के गौतम बुद्ध को हुसैन सागर ने अपने आग़ोश में कुछ अरसे छुपाए रखा। चारमीनार के पुराने शहरी हिस्से में, कभी कभी सख़्त तपिश वाले मौसम से तमाम सुर्ख़ पत्ते सुर्ख़फ़ाम हो जाते। लाल रंग से लथपथ वही लाड़बाज़ार की गली, चारमीनार से लगी छोटी छोटी दुकानें, जहाँ मर्दां अपनी औरतों से खूब लाड़ प्यार करते, कत्तई चूड़ियाँ

पहनाताईं और गोटे लगाताईं। किसी ने पूछा "आज कल सुबह सवेरे लोगों कटोरे लेकर बाहर क्यों नहीं निकलतेईं?" जवाब मिला-"चुप रहो करफ़्यू लगा है।"

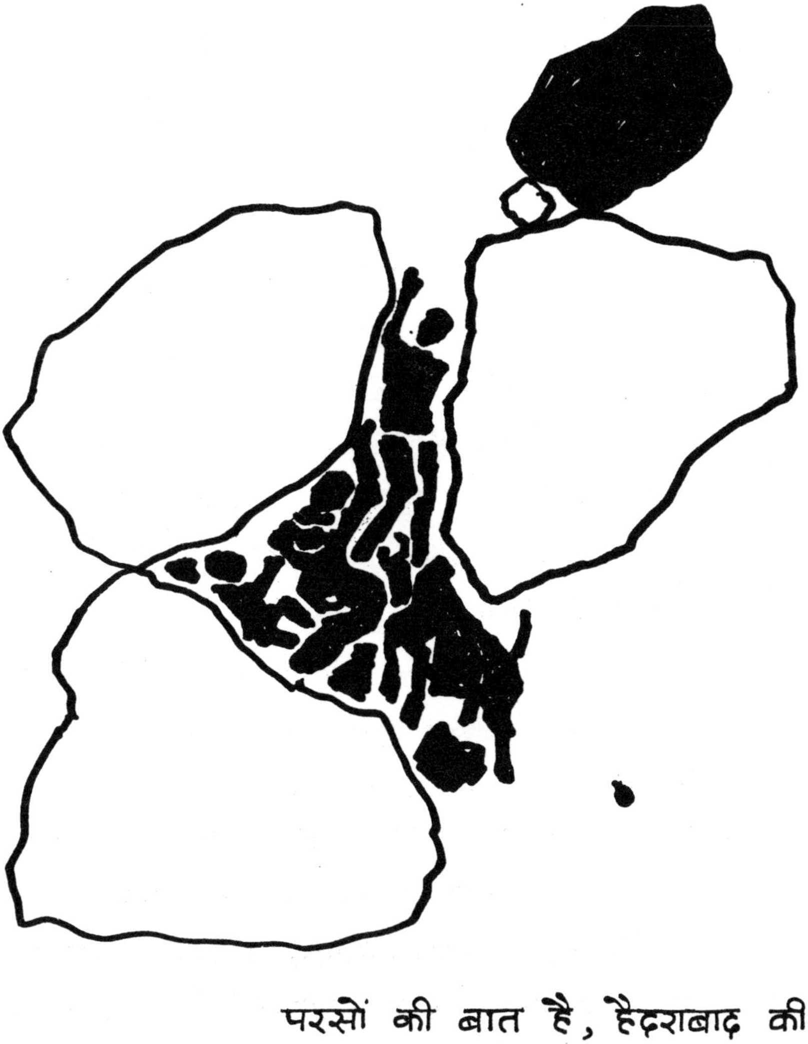

परसों की बात है, हैदराबाद की गोद में एक निहायत खूबसूरत चट्टानों का खानदान करोड़ों सालों से बसा हुआ था। छोटे बड़े चट्टानों के गिरोह कुदरत ने कुछ इस अन्दाज़ से तराशे, मालूम होता है, यह एक महान मूर्तिकार या किसी आसमानी ताक़त के मास्टरपीस हैं। सिर्फ़ मेहदीनवाज़

जंग की दूरदर्शी नज़र और कुदरती हुस्न की क़दर ने इन जानदार चट्टानों के झुंड में निहायत शानदार घरौंदा बनाया। पहला घर एक शरीफ़ और सुलझे इन्सान का, बिना तोड़े बिना ज़ख़्मी किए इन चट्टानों को। यहीं से गुज़रते हैं रवीन्द्रनाथ टैगोर और बजाए निज़ाम के फ़लकनुमा महल में ठहरने के मेहदीनवाज़ की हसीन चट्टानों की बाँहों में गीतांजलि गुनगुनाते हैं। बरसों पत्थरों ने गीत गाया टैगोर का।

फिर चला दौर, जल्लादों का मेमारों (मिस्त्री) का प्रेम और सुन्दरता के दुश्मनों का। चट्टानों को सुरंगों से उड़ाया, उनके टुकड़े टुकड़े किए, ज़मीन को सपाट किया और इस हैदराबाद की गोद में बसे। ख़ूबसूरत चट्टानों के ख़ानदानों की लाशें बिछा दीं। इन सुरंगों से उड़ी चट्टानों का एक छोटा सा टुकड़ा मक़बूल को बंजारा होटल की लॉबी में दूर से दिखाई दिया। चट्टानों सा वही तराशा बदन, आँखों में कौंधती बिजली, बाँहों में ठहरी क़यामत, बालों से बरसता सावन। चमकता साँवला चाँद, वेल्कम डेस्क पर कैसे उतरा। हुसेन की नज़र जैसे ही चाँद पर पड़ी उनकी तो ईद हो गई। फ़ौरन अपने कमरा नम्बर चौदह में गए और एक सफ़ेद घोड़ा पेन्ट किया, उस पर बिठाई श्वेताम्बरी, आसमान जिसकी चादर। 'वेल्कम डेस्क' पर बैठी, शायद इन्तज़ार करती बंजारन से मिला नाम पूछा कहा "बस बंजारन।" डेस्क पर पेन्टिंग रखी, आहिस्ता से हुसेन कुछ बोले, बंजारन को सुनाई नहीं दिया। हुसेन ने उँगली से डेस्क पर रखी पेन्टिंग की तरफ़ इशारा किया, गर्दन झुकाई, अपने बालों में बेचैन उँगलियों से कंघी की, मुस्कुराए, पेन्टिंग डेस्क पर छोड़ी, उठ खड़े हुए

और ग़ायब। पेन्टिंग के पीछे लिखा 'एम० एफ़० हुसैन की तरफ़ से बंजारा हिल की बंजारन को।'

बंजारन आख़िर बंजारन आज यहाँ तो कल वहाँ। चार दिन बंजारा हिल रही। एक दिन एक जर्मन खुदाई करने वाला अपनी कुदाली लिए वहाँ से निकला, उसकी तजुर्बेकार कुदाली ठीक ज़मीन की सतह से टकराई, जिसके नीचे से एक अनमोल और नायाब टुकड़ा बाहर निकलने के लिए तड़प रहा था। बंजारन बाहर निकल आई। बंजारा हिल की पुरानी चट्टानों को छोड़ा। हुसैन के घोड़े को नहीं छोड़ा, अब भी उसकी दीवार पर लगा है।

1942 में मक़बूल ने बन्जारों के कई ड्राइंग बनाए। उन दिनो बंजारा हिल बंजारो से भरा पड़ा था। अब वह बंजारे कहाँ, 1980 तक शायद एक बंजारन रह गई थी, वह भी चली गई।

पीली धूप और पीपल का ज़रा अटका हुआ पत्ता

जमना की चुनरी तले जामुनी छाँव की ठहरी शाम

'विनसर न्यूटन' का ख़ास पीला रंग है जो 'इंडियन यलो' कहलाता है। हुसेन ने अपनी राजस्थानी ऑयल कलर पेन्टिंग्स में ज़्यादातर उसे इस्तेमाल किया है। मक़बूल ने शायद ही कभी लेमन यलो का प्रयोग अपनी पेन्टिंग में किया हो, वरना हमेशा उसका मनपसंद रंग गहरा पीला है।

एक मलयालम लड़की पिया मिलन की रात से पहले, सूरज ढले बैठी हो, अपने सारे बदन पर खुशबूदार हल्दी का उबटन मले। हल्दी के उबटन से झाँकता बदन, उस पर ढलते सूरज की सुनहरी किरन। यह सोने जैसा पीला बड़ी मुश्किल से पेन्टिंग में पकड़ में आता है। मक़बूल के कुछ जयपुर होली के कैनवस में यह सुनहरा पीलापन उभरा है।

सन् 1960 की जयपुर की होली मनाने, खुली रिक्शा में सवार, गली कूचों में हुसेन बेधड़क घुस पड़े, हाथ में स्केचपैड ढाल की तरह उठाए। रंग बिरंगी पिचकारियों की बौछार, छोरा छोरी की छेड़ छाड़।

रिक्शेवाले ने कहा "पेन्टर साहब और ज़्यादा इन तंग गलियों में न फँसें और यह देखो मेरे बदन पर यही बनियान और निकर है, बदलने का दूसरा जोड़ा नही और शाम तक रोटी कमानी है।" हुसेन ने कहा "राजू फ़िकर न करो।" और उस घमासान रंगों के गुबार में बेतहाशा कूद पड़े। दो

दो बजे के क़रीब होली का रंग फीका पड़ता गया। राजू की रिक्शा धीमी होती चली। स्केचपैड के सारे पन्ने पिचकारियों की मार में आ चुके हैं। हुसेन ने राजू से कहा "चलो किसी गरमागरम पूड़ी और आलू की तरकारी के ढाबे पर चलें, साथ खाना हो फिर चलें किसी रेडीमेड कपड़ो की दुकान।" हुसेन भी अकसर बिना चेंज के सफ़र एक 'सफ़ारी

चोली, चुनरी, घाघरी चिमट चिमट चिल्लाए
न मारो, न मारो पिचकारी, हम बहुत लजाए

बुश्शर्ट और पतलून में करते हैं, बस आठ दस जेबें होना ज़रूरी चार पतलून की तो छः बुश्शर्ट की। राजू और हुसेन, एक एक जोड़ा खादी का कुरता पायजामा ख़रीद सीधे म्यूनिसिपैल्टी के नल के नीचे नहाने लगे। राजू हुसेन का अच्छा साथी बना। 1966 में जब हुसेन अपनी फिल्म 'थ्रू दि आइज़ ऑफ ए पेन्टर' की शूटिंग के लिए बूंदी, चित्तौड़ और जैसलमेर गए तो राजू टैक्सी ड्राइवर बना। खूब बातूनी उसका एक जुम्ला अब तक याद है। एक दिन हुसेन ने पूछा "यह राजे महाराजे आजकल क्या करते हैं?" तो जवाब दिया- "पेन्टर साहब अब इन राजाओं को कौन पूछता है, दरवाज़ों के कुण्डे बेच कर खा रहे हैं।" "क्या बात कही है राजू" हुसेन ने कहा "जो राजे अब

तक राज के नशे में चूर हों, उन्हें आखिर रजवाड़े से बाहर निकल कर कहीं जाने के लिए दरवाज़े का बचा पीतल का कुण्डा ही बेचना पड़ेगा, वरना रिक्शा की सवारी धर्मशाला तक कैसे पहुँचाए। राजू के जुम्ले में वक्त की एक अजीब पकड़ है।

कच्ची सड़क पर टैक्सी बेतहाशा दौड़ रही है अचानक एक गली का कुत्ता भौंकता टैक्सी की तरफ़ झपटा। राजू का पैर ब्रेक से अलग रहा। हुसेन की साँस एक--दम रुकी, हुसेन ने कहा "कुत्ता गाड़ी के नीचे आते आते बचा।" राजू ने झट जवाब दिया-"याद रखो, दो ऐसे सख़्त

जान हैं, जो कभी सड़क पर नहीं मरते, एक तो सड़क का कुत्ता और दूसरा पुलिस।"

राजू की टैक्सी चल रही है, गली से चली गाँव में घूमती रही, नदी नाले पार किए पेड़ के साए लम्बे होते चले, हवा में जमना की जामुनी चुनरी उड़ती रही। टैक्सी का टॉप पीला उसपर फिसलती रेतीली धूप और पिघलता जामुनी पेड़ का साया जैसे टर्नर की पेंटिंग, 'गोल्डन सनसेट' की दौड़ती झलक। पीतल के कटोरे में हल्दी का उबटन। पास के पेड़ से गिरे दो तीन जामुन। यह पीले और जामुनी रंग का मिलन, सूरज और चाँद के बीच शाम का खूबसूरत रंग। बेचैन ठहराव, 'इंडियन यलो' और 'मेजेस्टिक मेजेंटा' पर ठहरा वक्त। टैक्सी आकर रुकी किला चित्तौड़ की दीवार के पास। किले का विशाल दरवाज़ा खुला उसमें से हाथियों का एक झुंड सा बाहर निकला। न कोई राजा न कोई महावत। रात की स्याही फैल गई।

चार लोग, चार दोस्त

अगर दो चार लोग हों, दो चार दोस्त हों और तक़रीबन इतने ही मुकाम, जो सारी दुनिया में फैले हों, फिर क्या चाहिए, काफ़ी है एक इन्सान की ज़िन्दगी में ज़िन्दा-दिली पैदा करने के लिए बल्कि खुशकिस्मत है वह शख़्स जिसे चार यार बरहक़ (सच्चे) मिल जाएँ और चार सिम्त अपनी अपनी जगह दुरुस्त ठहरें। कहते हैं पेट की भूख मिटाने के लिए ज़रूरत है सिर्फ़ दो रोटी की लेकिन ज़हन की खुराक की कोई इन्तहा नहीं। पहचान और समझ की तलाश में दुनिया की ख़ाक छानते फिरो, फिर आख़िरी सफ़र में जब मुट्ठी खोलो तो ख़ाक की और न खोलो तो लाख की, तो इस ख्याली लाख से बेहतर है यह जानना, कि कुछ नही जाना, हाय वह भी एक उमर में हुआ मालूम।

रोबर्टो रोज़ीलीनी रोम का 'रोमन नवैरो' या रोमियो कहो, 'दिल फेंक' मगर फिल्म का ग़ैर मामूली डाइरेक्टर। फ़िल्म की ज़बान बदल कर रख दी। हॉलीवुड के नकली साज़ो-सामान और ज़बान में सच्चाई और हक़ीकत भर दी। रोज़ीलीनी 'न्यू रियलिज़्म' लेकर आए। बंद स्टूडियो की चार दीवारी, मेकअप रूम का रंग रोग़न और आर्क लैंप' का नकली सूरज निकाल फेंका और 'सिनेमा वैरिटेअ' की बुनियाद डाली।

दूसरे महायुद्ध के दौरान जान पर खेल कर रोज़ीलीनी मूवी कैमरा छुपाए 'नाज़ी जर्मनी में घुस पड़े और ऐसे भयानक 'केन्डिड शाट्स' फ़िल्माए जिसमें इन्सानी हकूक और मासूम बीदशों के खून से होली खेलते वहशी दरिन्दो को दिखाया गया, जो मुँह पर 'नैशनीलस्ट' नकाब पहने गली कूचों में क़दम मिलाकर 'ड्रिल' की एक्सरसाइज़ में लगे हुए हैं। देखने में अनुशासन और व्यवस्था का एक सुन्दर संगठन, असल में धोखे की टट्टी, आज भी बेमायने नहीं। रोज़ीलीनी की एक इन्कलाबी फ़िल्म 'ओपन सिटी' ने दुनिया भर में हलचल मचा दी लेकिन जब इटैलियन प्रेज़ीडेन्ट को पहली बार थियेटर में दिखाई गई तो उन्होने उस फ़िल्म की नुमाइश पर पाबंदी लगा दी। इस पर रोज़ीलीनी स्टेज पर आए, ज़िप खोली और प्रेज़ीडेन्ट के सामने

पेशाब कर दिया (इटली में यह सबसे बड़ी बेइज़्ज़ती मानी जाती है)। प्रेज़ीडेन्ट ने उन्हें इस हरकत के लिए जलावतन (देश निकाला) कर दिया।

हमारे प्रधान मंत्री पंडित जवाहरलाल नेहरू रोज़ीलीनी से रोम में इत्तफ़ाक से मिले और पहली मुलाक़ात में ही, हिन्दुस्तान पर फ़िल्म बनाने की दावत दी।'इंडिया '56' की फ़िल्मिंग शुरू। उनके कैमरामैन मशहूर फ़िल्म 'वार एण्ड पीस' के टोन्टी। उनकी स्क्रिप्ट गर्ल कलकत्ता की सोनाली जो हरिदास गुप्ता फिल्म मेकर की बीवी। रोज़ीलीनी हिन्दुस्तान आते ही यह दावा कर बैठे कि उन्हें दो इन्सानों से इश्क हो गया, औरत सोनाली दास गुप्ता और मर्द एफ० एफ़० हुसेन। पहली बार हुसेन की पेन्टिंग भोलाभाई देसाई स्टूडियो में देखी

और पन्द्रह कैनवस का रोल रोम रवाना किया गया। फिर हुसैन को साथ ले गए मैसूर के जंगल, हाथी पर सवार फ़िल्म की शूटिंग करते रहे।

सोनाली से इश्क का बुख़ार भी तेज़ होता चला। पहले 'बांबे फ़िल्म इंडस्ट्री' में हलचल मची फिर अन्तर्राष्ट्रीय स्कैन्डल बना। सोनाली ने बंबई ताज होटल में अपने पाँच साल के बच्चे को लेकर रोज़ीलीनी के कमरे में पनाह ली। हुसैन की दोस्ती के लम्बे हाथ बावजूद 'धमाका-ख़ेज़ हालात के छोटे नही हो पाए।

रोज़ीलीनी के प्लान के मुताबिक सोनाली को बुरक़ा पहनाकर रात के अँधेरे में ताज होटल से हुसैन बंबई सेन्ट्रल रेलवे स्टेशन ले गए। दो टिकट मिस्टर और मिसेज़ हुसैन के नाम से कूपे बुक किया गया लेकिन कूपे के साथ ही लगे डिब्बे में नामालूम कैसे 'टाइम' और 'लाइफ़' के लम्बे लम्बे 'ज़ूम लैंस' पहुँच गए। पर मीडिया की क्या मजाल, जब कि सोनाली का बुरक़ा उठाने की जुर्रत हवा का झोंका भी नहीं कर सका। सियाह बुर्क़े की बग़ल में सफ़ेद दाढ़ी जो रोशन थी। 'टाइम' और 'लाइफ़' ने लाख कोशिश की, कि सोनाली और अलबर्टो का साथ फ़ोटो हाथ आ जाए, इसके लिए पाँच हज़ार डॉलर का चेक भी दूर से दिखाया।

फ़्रन्टियर मेल तूफ़ान की तरह चली मगर बजाए दिल्ली रेलवे स्टेशन के निज़ामुद्दीन प्लेटफ़ार्म

पर चुपके से दोनों उतर पड़े। स्टेशन के बाहर प्लान के मुताबिक एक इमली के पेड़ तले काली अम्बेसडर गाड़ी इगनेशन ऑन किए खड़ी थी। लोगों की नज़रें सिर्फ़ दाढ़ी और बुरके पर रहीं कार की नम्बर प्लेट पर नहीं। कार वहाँ से यह जा वह जा और पालम एअरपोर्ट पर 'अलितालिया' का हवाई जहाज़ ऐसे खड़ा दिखाई दिया जैसे उस पर बंगाली हुस्न का जादू चल गया है और वह सोनाली को अगवा करने पर तुला हुआ है।

दोस्ती यहाँ खतम नहीं होती, हुसेन के सुपुर्द एक और ख़ास काम है। वह यह कि पेरिस पहुँच कर उनकी दूसरी बेगम इनग्रिड बर्गमैन को जाकर समझाना

है कि रोज़ीलीनी की ज़िन्दगी में सोनाली फ़िलहाल सिर्फ़ एक 'स्क्रिप्ट गर्ल' का रोल अदा कर रही है। क्योंकि एक इटैलियन को हिन्दुस्तानी धूप छाँव, गंगा जमुना का संगम और रवीन्द्र संगीत की धुन से परिचय कराना है।

हुसेन इनग्रिड से मिलने 'शान्जीलीज़े' के एक आलीशान होटल अपार्टमेंट गया। बजाए कुछ कहने और सुनने के हुसेन ने अपना कैनवस निकाला और इनग्रिड के दो जुड़वा बच्चों का पोर्ट्रेट बनाया, जो स्वीडन और इटली की मिलावट का बेहतरीन नमूना हैं। इनग्रिड की मुस्कुराहट जो स्क्रीन पर मिलियन डॉलर की है, हुसेन की नज़र 'शुक्राना अंदाज़ में की। उसी रात बच्चों को आया के सुपुर्द किया

और हुसेन को लेकर पेरिस के प्लेहाउज़ गई। नाटक का पर्दा उठा और 'टी सिमपेथी एण्ड मी', इनीग्रिड स्टेज पर भी ज़िन्दगी के बहुत करीब। उनके अदा किए गए जुम्ले सुनाई नहीं दिए, साथ निकलती साँस की गर्मी ज़रूर छू गई।

सोनाली रोम की पुरानी, तारीख़ी सड़क 'पिया आपिया आन्तिका' के एक विला में बिठा दी गई। रोज़ीलीनी का शानदार विला जहाँ डासिका और टूफ़ोना जैसे फिल्म डाइरेक्टरों का आना जाना और जहाँ हुआ लैंगलोवर और उनकी मैरी का मिलन, जिन्होंने मिल कर पेरिस में 'सिनेमाथिक' की बुनियाद डाली, दुनिया का सबसे बड़ा फ़िल्मी तारीख़ का म्यूज़ियम।

रोज़ीलीनी ने हुसेन के हाथ चिन्को चिन्तो (फियट 500) थमा दी और ख़ुद फ़रारी में बैठ अकसर फ़रार। रोम से पेरिस इनीग्रिड की बग़ल, पेरिस से रोम सोनाली की संगत। भला कैसे हुसेन अपनी मुन्नी सी चिन्को चिन्तो को रोम से प्राग दौड़ाते। नज़रों के सामने रोम, पेरिस, रोम दौड़ती फ़रारी ने हुसेन को उकसाया, भड़काया। फ़ौरन एक पेन्टिंग जर्मन आर्ट कलेक्टर को म्यूनिख़ के पते पर भेज दी। उसके जवाब में फ़ौरन एक तरोताज़ा 'वोक्सवैगन' कार फ़ैक्टरी से रोम शहर पहुँचा दी गई।

पुरानी बस्ती

हज़रत निज़ामुद्दीन की बस्ती में ज़की मियाँ का चाय का होटल है। ज़की मियाँ, हर सुबह दूध से तरोताज़ा मलाई की प्लेट बचा कर अलग से रख देते। क्या पता किस वक्त मलाई के शौक़ीन हुसेन पहुँच जाएँ। खाने पीने के अनोखे अड्डे और जगहें उन्हें बचपन से ही आकर्षित करते रहे हैं। निज़ामी होटल की लज़ीज़ दाल, उस पर एक चमचा क़ोरमे की मार। बिरयानी की खुली देग। सलाखों पर सिकते सीख़ कबाब। उल्टे तवे पर उछलती रूमाली रोटी। मिट्टी के कुल्हड़ में कढ़ाई के औटते दूध की धार से निकलती सोंधी खुशबू। गल्ले पर आवाज़ लगाता लड़का- "ब्लू मफ़लर वाले के दो रुपए तीस पैसे। तीन भाई के दो बिल साथ। एक थाली कुल छः रुपए में चार आने कम।" टोकरी में बंधी कुड़कुड़ाती मुर्ग़ी। अंडों का ऑमलेट दो जगह हॉफ़ प्लेट। निज़ामी होटल से लगी फ़ज़ल की दुकान, तस्बीह, जॉनमाज़, लुंगी, बुरक़ा। जुमा के जुमा नमाज़ पढ़ने वालों के लिए मलमल की दुपल्ली टोपी।

शुरू शुरू में हुसेन को बहुत कम लोग पहचानते थे। 1960 का ज़माना। हुसेन अपनी फ़ियट खुद चलाते जिस के बोनट पर पेन्ट किया था, छलाँग मारता घोड़ा। दरवाज़े पर नाचती गोपियाँ और बीच में बाँसुरी बजाता बालगोपाल।

निज़ामी होटल

हुसेन आए गाड़ी खड़ी की और बेंच पर थोड़ी देर के लिए लेट गए। क़मर ने पानी का गिलास मेज़ पर रख कर आवाज़ लगाई - "हुसेन साहब की चाय गिलास में, आधा दूध, आधा पानी चाय की पत्ती तेज़।"

उस दिन उन्होंने आधा प्लेट क़ीमा आर्डर किया और कहा - "क़ीमे पर एक अंडा हाफ़ फ़्राई डालकर लाओ।" तभी उनकी मेज़ पर दीवार चुनने वाला शकूरा आ बैठा। हुसेन खादी का कुरता पहनते, पैरों में न जूता न चप्पल। बस्ती के लोगों में आसानी से घुल मिल जाते। शकूरा पूछने लगा - "तुम्हारा मालिक कैसा है, जिसकी तुम नौकरी करते हो, तनख़्वाह तो ठीक देता है?" हुसेन ज़रा सिटपिटाए, सँभले और बोले - "हाँ, ठीक है। मालिक, बड़ा मेहरबान है।"

शकूरा फिर बोला - "तुम्हारी ही नौकरी अच्छी, काम का काम और मुफ़्त में मोटर की सैर। मुझे देखो, धूप हो या जाड़ा, करनी से मसाला लगाओ और बसौली से ईंट चुनो।"

हुसेन ने दिल में सोंचा, एक कारीगर मिस्त्री और पेन्टर में क्या फ़रक़ है। यहाँ वह मिस्त्री ज़रूर है, लेकिन पहली ईंट अगर तिरछी रख दी, तो चाहे वह इमारत आसमान तक पहुँचा दे, तिरछी के इलज़ाम से बच नहीं सकता। यही वह पहली ईंट, वह पहला क़दम, वह पहली लकीरों में समाता रंग है। तस्वीर का बुनियादी ढाँचा चाहे वह पेन्टिंग 'महाभारत' की हो या 'करबला' की।

हुसेन ने शकूरा के हाथ से करनी ली और मेज़ पर पेन्टिंग नाइफ़ की तरह ख्याली रंग के स्ट्रोक मारने शुरू किए। शकूरा खूब हँसा और बोला – "क्या बात है, हाथ की कलाई में क्या लोच है।" हुसेन एकदम बोले – "हाँ बचपन से ही इन हाथों ने ब्रश से खेला है।" बातों बातों में उन्हें मालूम हुआ कि शकूरा के ग्यारह बच्चे हैं। ताज्जुब हुआ कि माथे पर एक भी बल नहीं, आखिर आमदनी क्या हो सकती है।

इसी बस्ती में मोहम्मद मतीन नाम के एक मोटर मेकेनिक रहते हैं। आदतन शेर कहते हैं। मुशायरों में काली अचकन और चूड़ीदार पायजामा पहने तरन्नुम में अपना कलाम सुनाते हैं। एक मोटर मेकेनिक और लय में अपनी ग़ज़ल पढ़ने वाला शायर। कहाँ ग़ज़ल का क़ाफ़िया और कहाँ क्लच और कार्बोरेटर, जैसे 'ज़ेन' का ज़हन और मोटरसाईकिल की रफ़्तार की मशहूर किताब-'दि आर्ट ऑफ मोटरसाईकल मेनटेनेन्स'।

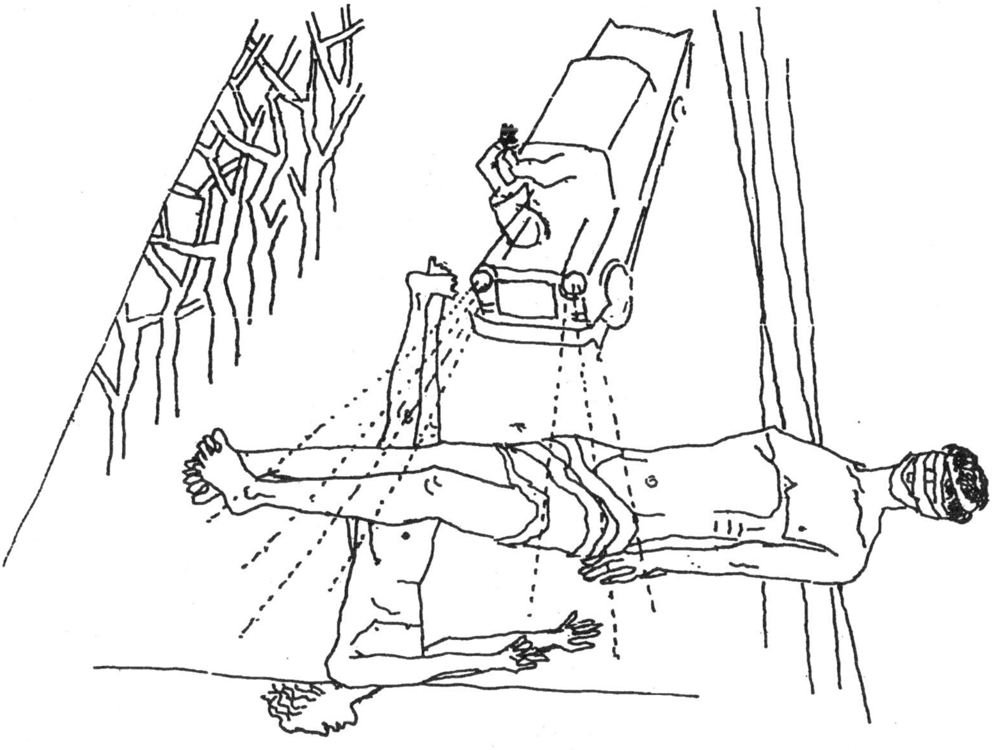

मतीन ने इन्दिरा गाँधी पर एक लम्बी नज़्म लिख डाली, फिर उसे उर्दू केलीग्राफ़ी में लिखवाकर सुनहरे फ्रेम में मढ़वा दिया और हुसेन साहब से कहा कि वह उसे तोहफ़े के तौर पर प्रधान मंत्री को भेंट करना चाहते हैं। हुसेन ने मतीन को लेजाकर इन्दिरा गाँधी के सामने खड़ा कर दिया। वह मुस्कुराईं और बोलीं- "पढ़ कर सुनाओ।" अब मतीन साहब का हाल देखने वाला था। आवाज़ काँपने लगी, हाथ पाँव फूल गए। नज़्म के मिसरे लड़खड़ाते हुए मुश्किल से गले के बाहर निकल पाए। मेकेनिक साहब की मोटर झटके खाने लगी। आधे रास्ते में ठप्प हो गई। बैटरी फ़ेल। आजकल मतीन साहब अपना पहला 'संग्रह'

छपवाना चाहते हैं। शर्त यह है कि 'डस्ट कवर' हुसेन बनाएँ। यह ख़ाकसारी या 'डस्टकवरी' का अवसर एम॰ एफ़॰ हुसेन को कई शायरों से मिलता रहा।

याद है, कैफ़ी आज़मी के 'मजमुए-कलाम' पर उन्हीं का पसंदीदा शेर- 'ऐलाने हक़ ने ख़तर-ए-दारो रसन तो है।' लेकिन बात यह है कि 'दारो रसन' के बाद माडर्न तरीक़े की केलीग्राफ़ी से 'डस्ट कवर' डिज़ाइन किया। सिकन्दर अली 'वज्द' की 'बयाज़े मरियम' में हुसेन की बेशुमार ड्रांइग शामिल हैं।

श्रीकान्त वर्मा ने हिन्दी में कविता लिखी 'मगध'। एक दिन हुसेन उनसे मिलने उनके घर गए, पर वह इलाज के लिए अचानक अमरीका चले गए थे। उसके कुछ दिन पहले दूरदर्शन पर उन्होंने अपनी कविता की कुछ पंक्तियाँ सुनाई थीं। हुसेन ने उन्हें घर पर न पाकर उनके लिए हिन्दी में एक नोट लिखा। 'उस रात दूरदर्शन पर तुमसे तुम्हारी कविताएँ सुनी। न मालूम कब और कहां मिलना हो।' साथ ही एक स्केच बनाया उड़ता परिन्दा मगर जिस्म इन्सान का। कुछ अर्से की बिमारी के बाद, श्रीकान्त वर्मा अमरीका से लौटे ज़रूर, मगर वह सिर्फ़ उनका शव था। बाद में उनकी किताब छपी और उसका डस्ट कवर, हुसेन का लिखा यही हिन्दी नोट था।

एक साहब मिले राज्यसभा सदस्य, गीतकार, पूरी किताब इन्दिरा गाँधी की तारीफ़ में लिख डाली। एम॰ एफ़॰ हुसेन छः बरस राज्यसभा के सदस्य रहे, लेकिन वह उस

ख़ाकसारी के मौक़े से निराश हैं।

मदरसा 'काशिफ़ुल उलूम', जो सौ साल से धार्मिक शिक्षाओं पर रोशनी डालता रहा। देश के दूर दूर हिस्सों से आए और परदेस से आए विद्यार्थियों की एक भीड़ इकट्ठा। अमीर खुसरो और हज़रत निज़ामुद्दीन के उर्स पर ज़ियारत करने आए हुए लोगों के ज़री की चादरों के चढ़ावे। कव्वालों की ज़ोरदार तान से गूँजता सूफ़ियाना कलाम।

'गोरी सोवे सेज पर मुख पर डाले केस
चल खुसरो घर आपनो साँझ भई चहुँ देस।'

इसी मतीन, शकूरा ज़की वग़ैरह की बस्ती में 'ग़ालिब-ए-ख़स्ता' का छोटा सा मज़ार है जैसे किसी ने इसे इन तंग गलियों के सिरे पर धीरे से रख कर छोड़ दिया हो। पास ही अब्दुल हमीद साहब की दवाई की दुकान, नाम 'हमदर्द दवाखाना'। उन्ही हकीम साहब की देख रेख में 'गालिब अकादमी' की लाल पत्थरों से चुनी इमारत, जहाँ कभी कभी उर्दू को मुल्क में ज़िन्दा रखने के नुस्खे बाँटे जाते हैं।

एक और हकीम साहब, हकीम सैयद हुसैन देहलवी, तौर तरीके ख़ानदानी, हमेशा शेरवानी में तने, हाथ में छड़ी, सिर पर रामपुरी टोपी, ज़रा तिरछी। एक लड़का उनकी ख़िदमत में, कलाई पर गजरा। उनका कहना है कि हिकमत पुड़ियों में नहीं बेची जाती, यह कारोबार नहीं लोगों की ख़िदमत है। उनके तफ़रीही नोक झोंक और लतीफ़े, चुटकुले, जी चाहता है, बैठ कर सुना करें।

उसकी दूसरी तरफ़ रशीद खाँ, तेज़ चुभने वाली आवाज़ में ऐसे फ़िकरों की बौछार मारते हैं, कि आप कानों में उँगलियाँ डाल लें। ज्ञान और अज्ञानता का टकराव एक ही शख़्स में। रशीद खाँ के जिस्म पर हफ़्तों का धुला कुरता और जाड़ों में बरसों चला कम्बल लटका रहता। बिना कटी भूरी दाढ़ी, फूले नथने, पिचके गाल, मस्त मौला। आधी रात गुज़रने पर किसी बंद दुकान के चबूतरे पर सोए पड़े पाए जाते।

निज़ामुद्दीन का पुलिस थाना, ख़ामोश जैसे दवाख़ाना, न कोई मुजरिम न मरीज़। इस पुरानी ऐतिहासिक बस्ती में गलियाँ तंग ज़रूर हैं, लेकिन लोगों के हौसले बुलंद हैं। अब शकूरा को ही लीजिए, औलाद ग्यारह, न शिकवा न शिकायत, जैसे बस्ती के निवासियों को मिले, प्यासे को क़तरा।

नन्हेखाँ के ताँगे की घोड़ी, दरियागंज से निज़ामुद्दीन बड़े बाँकपन से दौड़ा करती। अब वह ताँगा नहीं

रहा, घोड़ी किराए पर चढ़ा दी है, जिस पर शादी के लायक दूल्हे सूरमाओं की तरह सवार, कमर में बँधी नक़ली तलवार। घोड़ी उस मोड़ पर जिसपर लिखा है 'दुल्हन वही जो पाठकजी दिलाएँ'। सुनते आए हैं कि घोड़े अपनी ठान कभी नहीं भूलते। नन्हेखाँ के छः लड़के, उनकी घोड़ी छः में से पाँच दुल्हनों के घर बाजे गाजे के साथ ज़रूर गई होगी।

इलेक्शन में नेताजी अपनी जीप पर सवार बस्ती की मरम्मत के लिए निकले, वायदे ज़रूर किए लेकिन आज तक गली कूचों की खुली गंदी नालियाँ ढँक नहीं पाईं।

एक औरत नूरजहाँ, अच्छी भली शकल वाली, अपनी पाँच साल की लड़की और पेट में बच्चा लिए, इन्ही गन्दी नालियों के किनारे पड़ी रहती। मालूम हुआ कि नूरजहाँ का पति बेकारी और भुखमरी से तंग आकर इसे छोड़ गया और फिर लौट कर कभी नहीं आया।

नूरजहाँ ख़ाली कटोरा लिए बैठी रहती। किसी के घर दो चार रोज़ से ज़्यादा बर्तन भी नहीं माँज सकती क्योंकि मौक़ा मिलते ही मकान का मालिक उस का दुपट्टा पकड़ लेता। उस के हाथ फिर वही ख़ाली कटोरा। वक़्त गुज़रता गया, नूरजहाँ की लड़की नौ साल की हुई। खुला रंग, नाक नक़्श उभरती उमर से पैदा होने वाले डर का इशारा करने लगे। बस्ती से ज़्यादा बस्ती के बाहर के लोगों की आँखें गन्दे नाले की तरह खुली खुली रहने लगीं। नूरजहाँ ने फ़ौरन लड़की का सिर मुँड़वा दिया। पर चाहे कितना भी लाल को गुदड़ी में छिपा कर रखो, वह दबी चमकती सी लपटें अँधेरे को चीरती बाहर फट पड़ेंगी।

एक शाम नूरजहाँ हुसेन साहब की मोटर के पास आकर ज़ारो क़तार रो पड़ी। हुसेन और उनकी दोस्त छः साल से नूरजहाँ की ख़ैरियत पूछा करते और उसका एक ख़ामोश ख़्याल रखते। हुसेन को जिसका अंदेशा था, आख़िर वह हो कर रहा।

बस्ती में ख़ैरात है, जुमेरात है,

गरीबों और फ़कीरों की दुआएँ हैं। बड़े बड़े सामाजिक उद्धार और कल्याण केन्द्र हैं। हमदर्द का दवाखाना है। और इस भरी बस्ती की बग़ल से लगी पुलिस चौकी होने के बावजूद नूरजहाँ की ग्यारह साल की लड़की को आधी रात मुँह पर पट्टी बाँध तीन हथकंडो ने हथिया लिया। आज तक लापता है।

और वह मक़बूल की तस्वीरों से बातें करती रही

कहाँ ? गोमती किनारे

और फिर ? जमुना किनारे। वह है कौन ?
पहले उसे तस्वीरों से बातें करते
सुनो। कोई ख़ामोश तस्वीरों से
बातें कर सकता है ? हाँ,
तस्वीरों की एक ज़बान होती
है। हर सूरत हर शकल
हर चीज़ हमेशा ख़ामोश
तो नही खड़ी रहती,
कभी कभी बोल भी
लेती है, अगर तुम
उनसे राबता (पहचान)
बढ़ाओ। उन से कुछ दिन
मिलते जुलते रहो तो बात
खुद बखुद समझ में आने
लगेगी, वक्त चाहिए और उस
के पास बहुत वक्त था।
पच्चीस साल से ज़्यादा
लगा दिए और वह तस्वीरें
जो कागज़ की नाव की शकल
में किनारे किनारे उसकी नज़रों के सामने से बहती गुज़रीं,

धीरे धीरे बातचीत करने लगीं। एक उसके किनारे से टकराई, तो बहुत प्यार से उठा कर उसे अपनी ख़ूबसूरत हथेली पर बिठाया ख़ूब बातें कीं।

इत्तफ़ाक देखिए कि वहीं पर एम॰ एफ़॰ हुसेन की हिलमैन कार का ब्रेक डाउन। उतरे और किनारे बैठी की हथेली पर तस्वीर देखते ही कहा "अरे यह तो मक़बूल पेन्टर ने कई बरसों पहले बनाई थी, उस वक़्त उसका नाम नहीं, कौन पहचाने, यूँही बहती रही। तुमने कैसे पहचाना कि यह एम॰ एफ़॰ हुसेन की पेन्टिंग हो सकती है, उस पर एम॰ एफ़॰ के सिगनेचर नहीं।" वह बोली "मेरी पहचान सिगनेचर से नहीं, मक़बूल में छिपे आर्टिस्ट से है। मेरी तो इन्हीं से बातचीत है। मैं इनकी ख़रीदार नही शैदाई हूं।" एम॰ एफ़॰ ने कहा "यह ज़माना ख़रीद और फ़िरोख़्त का है। कोई ख़रीद रहा है, तो कोई बेच रहा है। तुम जैसे शैदाई और चाहने वाले कहाँ जो मक़बूल की बनाई तस्वीरों को हथेली पर लेकर फिरें।"

"मक़बूल अब एम॰ एफ॰ बना दिया गया है और बेशक मैं खुशीक़स्मत हूं कि मेरे अन्दर एक छोटा सा मक़बूल खेल रहा है।" वह बोली "चलो अच्छा हुआ, आपकी हिलमैन कार का ब्रेक डाउन ठीक मुक़ाम पर हुआ और कुछ देर ठहरने का मौक़ा मिला।" एम एफ़॰ ने कहा "हाँ, पहुँचा तो ठीक मुक़ाम पर मगर वह दिलचस्प बातें सुन नहीं पाया, जो तुम्हारे और तस्वीरों के दर्मियान (बीच) हुई।"

वह बोली "यह सुन कर आप खुश होंगे कि इन बातों को अकसर मैं लिख लिया करती जो आज एक किताब की हैसियत में आपको पेश करती हूँ किताब का नाम है, 'इन कनवरसेशन विद हुसेन पेन्टिंग्स', किताब आपके सामने है। एम० एफ़० हुसेन के सिवाए इसका सही हक़दार कौन हो सकता है शायद यह किताब आपके आने का इन्तज़ार कर रही थी। इसी को लिए गोमती किनारे बैठी रही, इसी को लिए जमुना किनारे पहुँची और आज आप पहुँचे हैं। पहली किताब आपकी नज़र।"

एम० एफ०

हुसेन ने पूछा "मगर यह नज़राना कौन पेश कर रहा है?" वह बोली "किताब पर लिखा है पढ़ लीजिए।"

एम० एफ० "ओह, अच्छा आपका नाम रशदा सिद्दीक़ी है।"

27 जनवरी 1977 का दिन।
M.F. की Hillman गाड़ी असल में पहली बार रशदा के घर जाकर खड़ी हुई तो बस खड़ी की खड़ी रह गई। वहां से हिलमेन कभी हिल नहीं पाई। घर माशअल्ला। हरा भरा। लखनवी तर्ज़ का रख रखाव। घर में मां बाप रशदा के साथ और पीछे पीछे खाला अम्मां। शौहर एहसन आर्मी कर्नल। दो लड़कियों के बाद एक लड़का। मां का लाडला। बड़ी लड़की शीरीन की सालगिरह का दिन। लखनवी कबाब का दौर रात भर चलता रहा। दूसरा दिन, रशदा और M.F. की लम्बी ड्राइव। गुड़गांव के सिनेमा घर में शकीला बानो भोपाली की फ़िल्म देखने बालकनी में। हाथों में गरमा गरम मूंग फली। खाई कम हॉल में उछाली ज़्यादा। दूर फेंकने की शर्त चली। वैसे ही ड्राईव भी लम्बी होती चली, लेकिन बातें हैं कि ख़त्म ही न हों, यह सिलसिला लंदन, न्यूयार्क होता मक्का मदीना गया। और बातों बातों में एक किताब पैदा हो गई।

In Conversation with Husain Paintings
इस रशदा सिद्दीक़ी की किताब के पन्नों को पलटने पर आपको 'मक़बूल कहानी' सुनाई और दिखाई देगी।
ऐसी किताब आर्ट की ज़बान में पहली है। रशदा की होनहार दूसरी बेटी अंजुम का आर्टिस्टिक बुक डिज़ाईन है।

लाहौर की सबा

वह हवा जो पूरब से चली
गंगो चमन की लहरों में लहलहाती
तिलस्मे बंगाल का गुलाल
सुबह बनारस की बिंदिया
शबे मालवा का काजल
सोलह सिंगार किए टहल रही है,
आहिस्ता आहिस्ता।

कन्याकुमारी की कुम्हारिन
रावी किनारे की पनिहारिन
माँडू की रूपमती
सलीम की अनारकली
न ज़ेर न ज़बर, उठाओ लौहे क़लम
और बिछा दो कागज़ की चादर ज़मीन
पर।

मीलों पन्ने पलटने का वक्त कहाँ
एक ही रुख़ में
एक ही इम्प्रेशन में
उभर पड़े सारे नक़्श ज़मीन से
पौ फटने से पहले

कलियों के चिटकने से पहले
लाहौर की बादे सबा, इसे दोहराते
जाइए।
रावी के होठों पर बिरह के गीत
बिना पतवार बहती किश्ती
यह कहाँ से उठी थपेड़,
दिल की धड़कन।

कल रात जावेद ड्राइवर को यूँ ही फ़ोन किया, हुसेन आधी रात गए क्यों एक सूनसान गली अनारकली से ड्राइव करना चाहता है? उस रात शाही मस्जिद के बाहर दीवार से लगे एक मील के पत्थर पर नज़र पड़ी। उस पर खुदा 'शायरे मशरिक़' इक़बाल का कलाम- 'न अफ़ग़ानेम, न तुर्क, न तातारेम'। पास ही खड़ा एक संतरी दूर से इसलिए दिखाई दिया कि उसका हाथ 'क्लाशनिकल' से चमक रहा है। यह फ़ौजी पहरा क्यों? उसके सीने पर शमशीरोसिना कब तक? अभी रात बाक़ी है।

जावेद ड्राइवर पूछ रहा है- "कहाँ चलूँ?" उसकी टैक्सी के कैसेट से 'फैज़' की आवाज़ सुनाई दी।

तुम न आए तो हर चीज़ वही थी जो है,
आसमान हद्दे नज़र, हद्दे नज़र, राहगुज़र, राहगुज़र।

'ख़्याबाने इक़बाल' से गुज़रे, तो 'कूचाए फैज़' की 'बेचेहरा दरीचों' को पहचाना, ताँगा चला, रात चली।

किश्वर नाहिद की कहानी के पन्ने पर

सूरज का सातवां घोड़ा

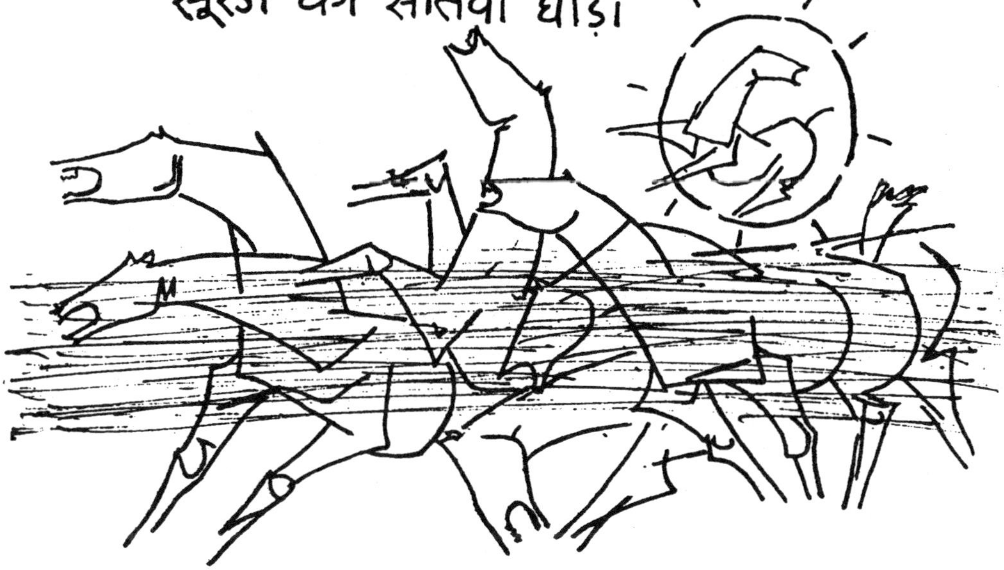

एक काग़ज़ कोरा नहीं छूटा, उनका सफ़ेद दुपट्टा ही सही। काग़ज़ न मिलने पर अहमद फ़राज़ की ज़िद पर पहने दुपट्टे पर हुसेन का ब्रश चला।

ज़हूर इख़लाक़ के घोड़े दौड़ते रज़ा काज़िमी की हवेली, तेरह गुलबर्ग पहुँचे। हरी भरी हवेली, ऊपरी मंज़िल पर सिर्फ़ एक कमरे का रोशनदान उजागर। रज़ा सोते कब हैं! उनके ज़हन का रहन सहन कई अनोखे ख़ानों में बंटा हुआ है। चार खाने ख़ास तौर पर दिखाई पड़ते हैं। पहला ख़ाना, क़ानून की मोटी मोटी किताबों से भरा। दूसरा ख़ाना, तबला, तानतम्बूरा, राग ललित, आसावरी, शार्प फ़ोकस। सीधे सादे चेहरे, चाहे वह पेड़ के हों या इन्सान के या उस जगह के जहाँ आसमान ज़मीन से मिलने के लिए झुका हुआ है। चौथा ख़ाना ख़ास, यहीं तो रज़ा सारी रात जागने वाले 'आबिदे शब'। अपने माथे पर तस्बीह के दाने जड़ने में लगे हैं, जिसका जाप निन्यानवे पर नहीं पलटता।

अहमदाबाद की गुफा

अहमदाबाद २० जनवरी १९९५, गुफ़ा क्या है शगूफ़ा (दिल की आसक्ति) है। एम० एफ़० हुसेन का यह तीसरा म्यूज़ियम। पहला म्यूज़ियम पाँच साल पहले बैंग्लोर में बनाया गया, साथ ही दूसरा 'हुसेन की सराय' दिल्ली में। इस तीसरे म्यूज़ियम का नाम गुजराती ज़बान में रखा, 'अमदावादिनी गुफा'। शायद अजन्ता की गुफाओं के बाद यह ऐसा तजुर्बा है कि एक बीसवीं सदी का इन्सान अपने चौकोर रहन सहन के तरीक़े को तोड़ कर 'आरगैनिक स्पेस' में जा बसना चाहता है।

यह गुफा कुछ ज़मीन के नीचे कुछ ज़मीन के ऊपर है मगर जब अन्दर दाखिल हों तो ऐसा लगता है जैसे आप एक 'एअर स्पेस' के कैपसूल में सवार हैं। काले 'कट आउट स्कल्पचर' इधर उधर इस तरह बिखरे हैं, जैसे दौड़ती इन्सानी परछाइयाँ हैं। एलोरा की गुफा की पत्थर से तराशी मूर्तियाँ नहीं जो सदियों तुम से बात किए जा रही हैं।

यह परछाइयाँ ख़ामोश हैं, गुमनाम हैं। उनका बदन काला रेशम और हरकत दिल की धड़कन जो टिक टिक करती है। सोलह सिंगार और सोलह गुम्बद। यहाँ आप कानाफूसी भी नहीं कर सकते, ख़ामोशी तक सुनाई देती है। छोटे बड़े गुम्बदों से रोशनी झाँकती है। कई छोटे बड़े चाँद हैं, सूरज हैं। ऊँचे नीचे गुम्बद को गुदगुदाते खम्भे हैं। नाचती गाती दीवारें हैं जो ज़मीन से झूमती हुई उठती हैं और आसमान को चूमती हैं।

एम० एफ़० हुसेन वहाँ पहुँचे, दीवारें बल खाती अँगड़ाई लेने लगीं, आपस में बातें करने लगीं कि क्यों न एम० एफ़० से कहा जाए कि हमारे कोरे और साँवले बदन पर अपने लम्बे ब्रश से ऐसे नक्श और आकृतियाँ बना जाएँ कि फिर हमें लोगों के सामने आते शरमाना न पड़े।

आज २००२ में यह गुफ़ा अपनी नई पहचान लेकर अहमदाबाद की सरज़मीं पर बैठी है। नई पहचान का नाम डिजिटल गुफा है। अन्दरूनी जिस्म अजन्ता

के ग़ारों (गुफाओं) में ढला है लेकिन लिबास इक्कीसवीं सदी का पहनकर डिजिटल ज़बान में आजकल के लोगों से बात करना चाहती है।

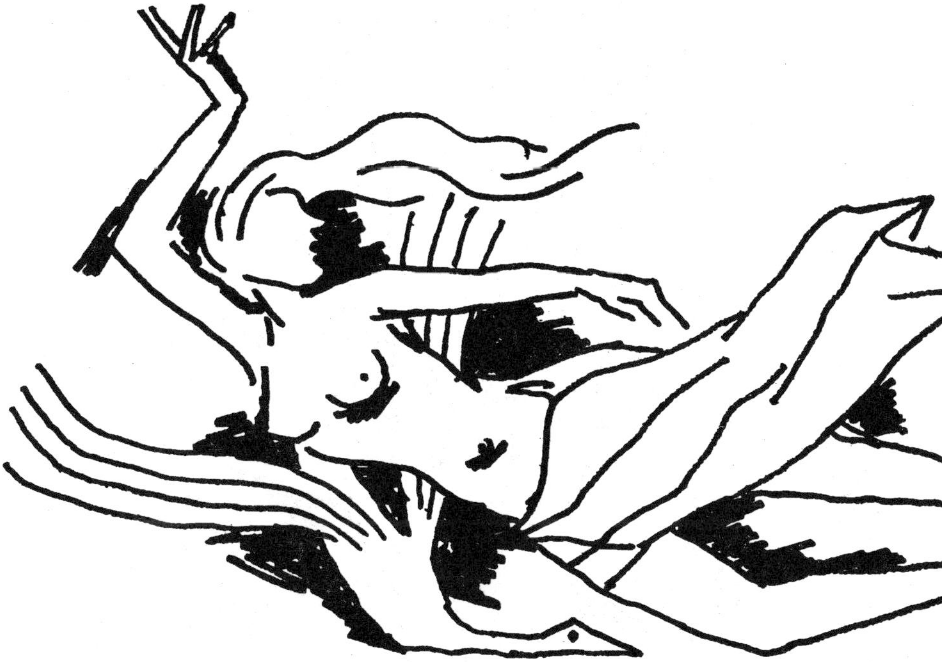

चौमुण्डी चाँदनी

चौमुण्डी की चट्टान, चाँदनी रात की ओढ़नी ओढ़े एक कोने में दुबकी बैठी है। उसके बालों में सफ़ेद फूल उलझा हुआ, हाथों में लाल मिट्टी की मेंहदी, पैरों में चाँदी के घुँघरू, कानों में कर्नाटकी संगीत, आँखों में सोलहवें साल का सुरमा, दोनों भवें जुड़ी हुईं। ऊपर पेशानी (माथे) की सिल पर नक़्श, सदियों पुरानी पहचान, कुछ पढ़ी अनपढ़ी लकीरें। पेशानी क्या पेशनगोई (भविष्यवाणी) का दिबाचा (भूमिका)। एक 'जख़ीम' (बड़ी) 'मुकद्दस' (पवित्र) किताब का 'सरे वरक़' (पहला पन्ना)। सुलगती अगरबत्ती से उठता महीन धुआँ इस पेशानी की सिल पर लिखे लफ्ज़ों को चूम रहा है।

इस चट्टान के चारों तरफ़ घना जंगल है और इस चटकती चाँदनी के साए तले चौमुण्डी अपने महबूब के इन्तज़ार में सदियों से बैठी है। फूल, पत्ते, चाँद, सितारे और बच्चे चाहते हैं कि चौमुण्डी अपना नाच शुरू करे। चट्टान में हल्की सी हरकत पैदा हुई, घुंघरू थिरकने लगे।

राजू की टैक्सी सारी रात चलती रही, इस में दो मुसाफ़िर। सुबह तड़के इडली कॉफ़ी के 'डिकोक्शन' का एक घूँट, लम्बे सफ़र की थकान दूर करने के लिए काफ़ी 'कबन पार्क' की बैंच पर फुदकते परिन्दों की आँख मिचौली। राजू की टैक्सी दौड़ रही है। इसमें दो मुसाफ़िर।

महात्मा गाँधी रोड के सिरे पर खड़ी हैं, मल्लिका विक्टोरिया। सुना है, ब्रिटिश राज के जमाने में इन्हें इसी शहर के लोगों के चन्दे से स्थापित किया गया, भला अब कैसे कहें "मैडम अब तशरीफ़ ले जाइए।"

कम्पनी बहादुर अपनी सरकार कब की समेट गए, ग़लती से इस समेट में कोहेनूर हीरा लपेट दिया गया जिससे ब्रिटिश ताज पर ऐसा जड़ा कि उखेड़े न बने। चलो हीरा फिर हीरा है, हिन्दुस्तान का टुकड़ा है, चाहे किसी के सिर चढ़े अपनी असलियत नहीं छोड़ेगा। चमक दमक वही, हिन्दुस्तानियत वही, जैसे चामुण्डी की चट्टान पर चमकती चाँदनी की चमक।

राजू की तेज़रफ़तार टैक्सी बिना हैड-लाइट, पेड़ों की क़तारों को छूती, खेतों में खेलती, बच्चों की तरह मुस्कुराते गाँव से गुज़रती चलती रही। इस में दो मुसाफ़िर। एक का नाम दूसरे का नाम नहीं। नामवाला कहीं भी उतर सकता है, जिसका नाम नही, उसके उतरने का निशान टैक्सी का मीटर। राजू ने मीटर देख कर ब्रेक लगाया। एक मुसाफ़िर थोड़े देर के लिए उतरा। आधी रात में गाँव के किनारे, कुएँ की रस्सी से बँधे घड़े में बैठी नागदेवी के पास एक सफ़ेद फूल रखा।

साथी ने पूछा "तुम्हे कैसे मालूम कि नागदेवी घड़े की तह में अब तक कुंडली लगा कर बैठी है।" जवाब दिया कि शहर से दूर, एक राजा की टूटी कोठी, पत्थर और मिट्टी के ढेर से उठी एक ऊँची दीवार पर रखा सूखा घड़ा गर्मी की धूप और उड़ती धूल से भरा। बरसात में अन्दर जमी मिट्टी में घास फूट पड़ी। उसमें आकर बैठी नागदेवी। वह राजा की कोठी सपाट हुई, वह दीवार मुँह के बल गिरी, ज़मीन सूखे से फट पड़ी, रह गया वह घड़ा। लुढ़कता लुढ़कता, कहीं दूर किसी कुएँ के किनारे जा लगा। किसी प्यासे

ने उसके गले में रस्सी बाँधी और कुएँ में उतारा, उस घड़े में बैठ कर नागदेवी ऊपर आई।

कोसों दूर बिखरे गाँव, बैलगाड़ियों में लदे गाँववाले घड़े के दर्शन के लिए आने लगे। राजू टैक्सीवाला 'शेर' छाप बीड़ी का कश, नथनों से धुआँधार साँस ले रहा है। इन दो अजनबी मुसाफ़िरों की बात काटकर उसने कहा "चलो, बैंगलोर पहुँचना है। सुना है, वहाँ कोई बंबई का पेन्टर किसी 'देवी' की फ़ोटो बना रहा है, फुटबॉल ग्राउन्ड में। खेल का खेल और देवी का दर्शन। एक है 'देवी' कलकत्ता वाली। फ़िल्म में काम किया है, बंगाली फ़िल्म में। कौन कहे! क्या जाने, कोई एक बंगाली बाबू नाम सत्यजीत रे, फ़िल्म बनाने में उस्ताद, दुनिया में फ़र्स्ट नम्बर। अभी अभी बाबू का देहान्त हो गया।"

कलकत्ता

फ़रवरी १९९२, कलकत्ता, टाटा सेन्टर के पीछे की गली 'हो ची मिन्ह सारनी' के नुक्कड़ पर एक चारवाबाड़ी' है। एम. एफ़. हुसेन यहाँ आज तक़रीबन पन्द्रह साल से जब भी कलकत्ता में हों, सुबह की चाय 'माटी भाड़' (कुल्हड़) में ज़रूर पीते हैं। चाहे वह मिडिल्टन के नरेश कुमार के यहां ठहरे हों या 'ताज बंगाल' में। आज ताज बंगाल से पैदल सैर करते 'माटी भाड़' की चाय पीने वहाँ पहुँचे। रास्ते में एक इंजीनियर बाबू हुसेन के साथ हो लिए, बातचीत में अच्छे लगे, हुसेन ने उन्हें चाय पीने बिठा लिया।

अजनबी ने बताया कि उसके लड़के को आर्ट में दिलचस्पी है, आटोग्राफ़ माँगा। हुसेन ने बंगला और अंग्रेज़ी आटोग्राफ़ के नीचे गणेश भी बना दिया। हज़ारों आटोग्राफ़ ड्राइंग के साथ रास्ता चलते कर देते हैं। रुकना पड़ता है तो

सिर्फ़ चमकती दमकती सोसाइटी के झमेलों में। वहाँ लोगों को खूबसूरत लिबास और नक़ाब के पीछे पहचानने में अकसर धोखा खाने का डर रहता है। कहा जाता है कि रास्ते में साथ चलने वाला लुटेरा हो सकता है। लेकिन खतरा आजकल एक रुके हुए इन्सान से है। हर मायने में रुका किसी न किसी की ताक में बैठा हुआ है।

इसी बंगाली चायखाने के कोने की तरफ़ हुसैन कल सुबह भी आकर बैठे थे। एक यादगार किस्सा पेश आया, जो सिर्फ़ इसी शहर कलकत्ता में हो सकता है। मेरा ख़्याल है कि हुसैन यहाँ चाय पीने और 'अपनी कहानी अपनी ज़ुबानी' लिखने के लिए आते हैं (आज कई महीने से हुसैन का यह हाल है कि उठते बैठते चलते फिरते अपनी कहानी लिखे जा रहे हैं।)

डर यही है कि आजकल जब कोई बड़ा अपनी दास्तान लिखने बैठता है, तो आठ दस जिल्दों से उसका पेट नहीं भरता, जैसे उसकी ज़िन्दगी किसी तीसमारखाँ की ज़िन्दगी है, जिससे आने वाली नस्लें सबक सीखती रहें। मैने मक़बूल से यह बात कही, वह समझ भी गया, मगर एम॰ एफ़॰ हुसैन का कोई ठिकाना नहीं।

एक टैक्सी आकर रुकी, दो बंगाली औरतों ने तीन फूल मारे खुशी के ऐसे दिए जैसे चढ़ावा। कहा "इक्कीस तारीख़ को टाटा सेन्टर में आपको पेन्टिंग करते देखने की बेचैनी है।" और चली गईं। हुसैन देखता रह गया। न चाय का घूँट अन्दर गया, न क़लम चला। औरतें मरसीडीज़

या कान्टेसा से नहीं उतरीं, फ्रैंच शिफ़ोन की साड़ियों में नहीं लिपटीं, शायद वह सुबह की पूजा से लौटी हों।

हुसेन कुछ देर गली के सामने खड़ा टाटा सेन्टर को देखता रहा। ऊँचाई पर सत्रहवीं मंज़िल की बंद खिड़कियों पर नज़र डाली। आनेवाले कल यह तमाम खिड़कियाँ खुल जाएँगी और वह छः रोज़ तक छः कैनवस पर एक साथ पेन्टिंग करते रहेंगे। तीन चार वीडियो कैमरे, दर्जनों प्रेस फ़ोटोग्राफ़र्स, ज़ाहिर है लोगों की भीड़ होगी। शायद हंगामा खड़ा हो जाए, एम॰ एफ॰ हुसेन यही चाहते हैं, अख़बारों में चारों तरफ़ छपे नज़र आएँ। और फिर ठहरा कलकत्ते का जानदार चेहरा, बंबई की तरह रूखा नाक भौं चढ़ा चेहरा नहीं, न दिल्ली की तरह भावहीन सरकारी चेहरा। उनका यह पहलू उनके आर्ट और हुलिए से बहुत जुड़ा हुआ है। लोग पेन्टिंग देखना चाहते हैं और पेन्टर का हुलिया और उसकी हरकत भी।

हुसेन के हुलिए पर एक बात याद आई। जब शांति चौधरी 1972 में हुसेन पर एक फ़िल्म बना रहे थे, 'पेन्टर ऑफ अवर टाइम' तो उसके कुछ फुटेज सत्यजीत रे को दिखाए गए। देखते ही उन्होंने कहा कि स्क्रीन पर हुसेन का चेहरा और हुलिया ही काफ़ी है, फ़िल्म की ज़बान को सँवारने की ज़रूरत नहीं। हुसेन अपने आर्ट की दुनिया बनाते और तोड़ते रहते हैं। 'जिगर' का शेर है—

'बना बना के जो दुनिया मिटाई जाती है
ज़रूर कोई कमी है जो पाई जाती है।'

एक आर्टिस्ट को हर मुक़ाम पर किसी न किसी कमी का एहसास शिद्दत से होना चाहिए। एक पेन्टिंग अपने अन्दर कई सवाल उठाए होती है। एक निहत्था इन्सान रचना के सम्पूर्ण जवाब लिए नहीं आता। इमली के पेड़ की अनगिनत पत्तियों और आसमानी छत पर जड़े तारों का हिसाब कभी हल हो सकता है? फिर करोड़ों सदियों की छानबीन से क्या ज़िन्दगी का हिसाब किताब पूरा कर लिया गया है?

इस सृष्टि का हर कण अपने अस्तित्व में अधूरा है। मर्द अधूरा, औरत अधूरी। अर्धनारेश्वर की कल्पना इन्सान के दिमाग़ में इसीलिए जन्म लेती है ताकि दुनिया का कारख़ाना हताश होकर दम न तोड़े, उम्मीद पर जीता रहे। इन्सानी अक़्ल 'दर्जा-ए-कमाल' की बुलंदियों को छू सकती है। जिस्म को पा नहीं सकता। यथार्थ अपने बोझ से मजबूर है।

२१ फ़रवरी १९९२, एम॰ एफ़॰ हुसेन अपने बोझल कदमों से छः कैनवस लेकर टाटा सेन्टर की सत्रहवीं मंज़िल पर चढ़े, शायद यह सोचकर कि गुज़रे चालीस

साल की साधना का निचोड़ इन छः कैनवसों में यूँ समोया जाए जैसे शिवजी की जटा में गंगा की तड़प। इस कठिन कार्यक्रम को सफल बनाने के लिए उन्होंने छः देवियों का सहारा लिया। दुर्गा, काली, लक्ष्मी, सरस्वती, पार्वती और मरियम। इन देवियों की आकृतियाँ शोलों की तरह भड़कते रंगों से तराशी, लगातार छः दिन हर शाम चालीस मिनट। लोगों ने पहली बार हुसैन को इन छः देवियों में घिरा पाया। छः दिशाओं के शक्तिस्थल में रंगों की बौछार। फुर्ती और चुस्ती ऐसी कि 'वरसाची' की तंग मोहरी वाली ब्लूडेनिम पतलून के टाँके ढीले पड़ जाएँ।

एम॰ एफ़॰ हुसेन टाटा बोर्ड रूम के स्टेज पर।'कारमैन' के 'पैशनप्ले' के सेकेंड एक्ट का बैलेडांस। सोनोडायन के एम्पलीफायर से बिथोवन की सातवीं सिम्फ़नी पर ठहरा समा। भीड़ में घिरा मक़बूल तीसरे दिन स्टेज पर पहुँचा। एम॰ एफ़॰ हुसेन ने हाथ में ब्रश लिया, काले रंग में डुबोया और बेबाक चलते स्ट्रोक से पहले पार्वती की गोद में गणेश को बिठाया, फिर सरस्वती के साज़ को छेड़ा। दुर्गा के शेर की कमान खींची। काली के पैर तले शिवजी को लिटाया। मरियम की ममता को तलाश करने में मक़बूल को ज़रा देर लगी।

वह गुम सा इधर उधर स्टेज पर घूमने लगा जैसे रास्ता भूल गया हो। सरस्वती के पास गया, काली और दुर्गा से पूछा। हिमालय की गोद में बैठी पार्वती और उसकी गोद में खेलते गणेश को मक़बूल ने पाँचवें कैनवस की तरफ़ दौड़ाया। फ़ौरन माँ की ममता सिमट कर ब्रश में समा गई। माँ बिना अपने चेहरे के, अपने बेटे की बेपनाह मोहब्बत, साड़ी में छुपाए कैनवस पर उभर पड़ी। फिर क्या था, मक़बूल का ब्रश तेज़ी से चला और लक्ष्मी को छठे घर में बिठा कर, वह स्टेज से उतर फिर भीड़ में ग़ायब हो गया।

हुसेन चौथे और पाँचवें रोज़ सुस्त नज़र आए। भीड़ में मक़बूल को ढूँढा, लोगों के चेहरे गिने, कुछ गुम थे, कुछ गुमसुम। हुसेन की नज़र ताड़ गई कि सामने खड़ी उलझन में पड़ी भीड़ में कुछ खलबली मची है।

छठा दिन, आख़िरी दिन हुसेन सुबह सीधे टाटा सेन्टर के पब्लिक रिलेशन ऑफ़िसर बोरेन बैनर्जी के कमरे में पहुँचे। एक सफ़ेद काग़ज़ माँगा, उस पर धड़ से एक ड्राइंग खींच मारी। दिखाया यह कि हुसेन हाथ में ब्रश लिए बैठ गए हैं। चारों तरफ़ छः कैनवस हैं, मगर ख़ाली, कोई लकीर तक नहीं। पास में सिर्फ़ सफ़ेद रंग का ख़ाली डिब्बा रखा है।

ठीक एक साल पहले हुसेन इसी महीने सत्यजीत रे से मिलने उनके घर पहुँचे। बेतकल्लुफ़ होना उनकी आदत नहीं लेकिन उस दिन दोनों हाथ फैलाकर खूब मुस्कुराते हुए इस्तक़बाल किया, फिर बिखरे कागज़ात के ढेर और किताबों के बीच पड़ी कुर्सी पर जा बैठे।

कुछ लम्हे, मानिकदा और हुसेन एक दूसरे को देखते रहे, शायद चेहरों की लकीरों ने आपस में बात शुरू कर दी थी, जो लकीरें बरसों तक खामोश रहीं, आज उन्हें मौक़ा मिल गया था। मानिकदा ने एक कागज़ के दो टुकड़े किए, एक हुसेन को दिया और एक अपने पास रखा। फिर दोनों ने

हाथों में अपना अपना क़लम सँभाला। हुसेन ने पहल करने की जुर्रत की, चंद लकीरों में सत्यजीत रे का 'जौहरे कमाल' सिर्फ़ एक नुक़्ते में समेट कर रख दिया। दूसरे टुकड़े पर सत्यजीत ने उतारी हुसेन की दाढ़ी में छिपी लकीरें 'क्लोज़ अप' की नज़दीकी की जीती जागती तस्वीर। हुसेन की लकीरें एक तारीख़ी सूरत की बंगला तहरीर (लिखवाई)।

इत्तफ़ाक देखिए, आज फिर छः मई है। ठीक एक साल बाद हुसेन कलकत्ता पहुँचे, सत्यजीत के ख़ाली कमरे में दाख़िल हुए। उनके बिखरे कागज़ात और किताबों के ढेर के बीच वही पुरानी कुर्सी तन्हा बैठी है। कुर्सी की ख़ामोश लकीरों से बात की, कहा "मानिकदा से कहना, उनकी अपनी चहेती फ़िल्म 'चारुलता' के पन्द्रह फ़ीट लम्बे होर्डिंग पर आज आख़िरी स्ट्रोक लगाने हुसेन अपना वायदा पूरा करने आए हैं।" (याद रहे ११ अप्रैल १९९२ को हुसेन ने पुणें से सत्यजीत रे को अस्पताल के पते पर ख़त लिखा था और वायदा किया था कि वह छः मई को उनकी पसंदीदा फ़िल्म 'चारुलता' की पेन्टिंग लेकर कलकत्ता ज़रूर आएगा।)

लोगों का हुजूम। पेन्टिंग में दाईं तरफ़ टैगोर खड़े हैं, बीच में चारुलता बैठी हैं, बाएँ मानिकदा। मानिकदा ने माधवी मुखर्जी को अपनी फ़िल्म के हर फ्रेम में चारुलता के ज़हन से रोशन किया है।

आँखों में तूफ़ानी सैलाब को रोके रखा, होंठों के बीच दबे अल्फ़ाज़ ख़ामोश रहे, मानिकदा की

उमर बेवफ़ाई कर गई लेकिन हुसैन अपना वायदा निभा गए।

ठीक छः मई के दिन, उठाया हाथ में एक गज़ लम्बा ब्रश और चढ़ गया स्टेज पर। लोगों की नज़रें रंग में डूबे ब्रश उठाए एक शख़्स पर पड़ीं। वह तन्हा स्टेज पर माइक के क़रीब गया। लोग समझे अब भाषणों का सिलसिला शुरू मगर उसने सिर्फ़ इतना कहा– "मानिकदा की याद में ख़ामोश एक मिनट के लिए खड़े हो जाएँ।" कम्पोज़्ड फ़िल्म ट्रैक, फ़िल्म म्यूज़िक का प्लेबैक और हुसैन के ब्रश की ऑटो-मैटिक मूवमेंट ने 'चारुलता' के जिस्म में कँपकँपी पैदा कर दी। माधवी उठ नहीं पाई, क़यामत उठ खड़ी हुई। सिसकते जिस्म के दो टुकड़े हुए, आधा टुकड़ा चारुलता, आधा माधवी मुखर्जी। यहीं मानिकदा चलते चलते अचानक रुके।

इस कहानी 'चारुलता' के लेखक 'नोबेल नवाज़' रवीन्द्रनाथ टैगोर, उसे फ़िल्म पर सजाया है, 'भारतरत्न' सत्यजीत रे ने। इन महान व्यक्तियों के बाद आते हैं, एक सिनेमा होर्डिंग पेन्टर, जो अब एम॰ एफ़॰ हुसेन बने फिरते हैं। 'चारुलता' की होर्डिंग के निचले कोने में बड़ी स्टाइल से काले रंग से हस्ताक्षर और हस्ताक्षर पर तालियों की गूँज। ऑटोग्राफ़ की हज़ारों पर्चियाँ हवा में उड़ने लगीं। हज़ारों ऑटोग्राफ़ की भीड़ ने हुसेन को घेर लिया। पुलिस गार्ड ने हुसेन को मुश्किल से कार में ढकेल कर स्टेडियम से भगाया जैसे कोई नामवर चोर हाथ आया हो।

बाइस दरवाज़े

इंदौर स्कूल के चौथे दर्जे का क्लास रूम और शायद वही ब्लैकबोर्ड जिस पर मक़बूल सफेद चॉक से, टीचर की ग़ैरहाज़िरी में, उसका कार्टून बनाकर क्लास के साथियों को खूब हँसाता। टीचर को घोड़े पर बिठाकर उस घोड़े के कान लम्बे कर देता। चंद लकीरें कम ज़्यादा करके आदमी को औरत बना देता। एक दिन किसी लड़के ने पूछा, "औरत का नाक नक़्शा क्यों नहीं बनाते?" उस दिन से औरत ब्लैकबोर्ड से ऐसी मिटी कि नामोनिशान बाक़ी न रहा। हाँ, बरसों मक़बूल के कैनवस पर आती जाती रही। क्या है, एक साड़ी का ढेर, जिसमें न सिर न पैर, चाहे उसे मदर टिरेसा कहो या 'गजगामिनी'।

उसी क्लास रूम की दीवारों पर आज सत्तर साल बाद मक़बूल अपनी बाईस पेन्टिंग टाँगने में लगा हुआ है। पेन्टिंग तो मक़बूल ने बनाई है लेकिन

देखने वाले सिर्फ़ पढ़ना चाहते हैं, एम० एफ़० हुसैन के सिगनेचर। यहाँ मक़बूल अपने लड़कपन का खेल खेलना चाहता है। वह अपनी क्लास के साथियों की याद में, इन बाईस वॉटर कलर पेन्टिंग्स को, खरीदारों की जेब तक पहुँचने नहीं देगा। दस रोज़ नुमाइश चलती रही, मक़बूल की नज़र सिर्फ़ स्टुडेंट की भीड़ पर जमी रही।

नुमाइश के आखिरी दिन, उन बाईस स्टूडेन्ट्स को चुना, जिन जिन की नज़रें तस्वीरों पर कुछ देर तक ठहरीं, इधर उधर नहीं झाँका। उनसे कहा गया कि

नुमाइश की शुरुआत बेशक मध्यप्रदेश के चीफ़ मिनिस्टर से करवाई गई, मगर तस्वीरें तुम बाईस चुने हुए स्टुडेंट्स के हाथों, दीवारों से उतारी जाएँगी। लड़के लड़कियाँ दौड़ कर अपनी अपनी पसंद की तस्वीरों के नीचे ठीक छः बजे शाम को खड़े हो गए। तालियाँ बजीं और मक़बूल ने कहा- "अब तस्वीरें उतार लो।" लड़के लड़कियाँ पूछने लगे- "सर कहाँ रखें?" मकबूल ने कहा- "अपने अपने घर ले जाओ।" कुछ देर सन्नाटा छा गया और जब उन्हें पता चला कि यह सब उनकी हैं, तो मारे ख़ुशी के उछल पड़े।

हर अदा, हर ख़ता हमारी

एम॰ एफ़॰ हुसेन के हुलिए के अन्दर छुपा लड़का मिट्टी के खिलौनों से खेल नहीं रहा, वह तो खुद अपने हाथों से गुड़िया बनाए जा रहा है और उसपर मक़बूल रंग भरने में लगा है। हाँ, यह बात ज़रूर है कि मिट्टी के खिलौने का रंग अभी सूखने भी नहीं पाता कि एम॰ एफ़॰ उसपर अपना लेबल चिपका देते, फिर क्या पूछना, ख़रीदारों की भरमार और लूट मार में खिलौने का

चूर चूर हो जाना, मगर लेबल की करामात देखिए कि हर टुकड़े की क़ीमत लग जाती। इसे कहते हैं, मिट्टी से सोना बनाना। हुसेन की कीमियागरी।

लड़का मिट्टी से लथपथ हाथ पानी की बाल्टी में डुबोते हुए और कुछ पानी की छींटे मक़बूल के चेहरे पर मारते हुए कहने लगा "पानी के छिड़काव से तुम्हारे चेहरे की मिट्टी अगर गीली हो जाए तो चेहरे पर यह जो लम्बी नाक है न, उसे ज़रा उठा लूँ बस, होंठों पर गिरी जा रही है। यह देखो तुम्हारी ठुड्डी पिचकी पिचकी उसे भी ज़रा भर दूँ। हाँ, यह दो घनी भवों के मिलन के छज्जे को न छेड़ू तो अच्छा क्योंकि इनकी छाँव में दो शरारती आँखें ज़रूर कहीं न कहीं उलझी हुई होंगी। मगर तुम्हारी चौड़ी पेशानी (माथे) का मैदान खुला पड़ा है क्यों न उस पर बेलगाम घोड़े दौड़ा दूँ, जो ख़रीदारों के हाथ न आ सकें। होंठों के बंद दरवाज़े पर लफ्ज़ों का ढेर खड़ा करवा दूँ और फिर तारीफ़ के पुल बनवा दूँ। आख़िर एम० एफ़० तुम और कितने पुल पार करना चाहते हो?"

ओ, मेरे मक़बूल देखा तुमने एम० एफ़० को? मगर मक़बूल मैं तुम्हारे रंगों को पहचानता हूँ, जो तुम बड़े प्यार से मेरी मिट्टी की मूर्तियों में भरते हो। रंगीन हो रंगरेज़ भी लेकिन यह एम० एफ़० तो बड़ा अंग्रेज़ है, 'ईस्ट इंडिया कम्पनी' का एजेन्ट लगता है, मार्केटिंग का माहिर। चालीस साल में हिन्दुस्तान की चारों दिशाओं में अपने

म्यूज़ियम खड़े कर दिए मगर हम दोनों को उसकी एक बात अच्छी लगी, अंग्रेज़ तो हर चीज़ उठा कर अपने घर विलायत साथ ले गया लेकिन एम॰ एफ़॰ कैसे भी हैं यहीं के हैं, उनकी हर अदा, हर ख़ता हमारी।

चार म्यूज़ियम

पहला म्यूज़ियम - 'हुसेन की सराय' दिल्ली के क़रीब फ़रीदाबाद में।

दूसरा म्यूज़ियम — 'हुसेन संकलन' कोरामंगला, बेंग्लोर में।

तीसरा म्यूज़ियम — 'अमदावादनी गुफा' अहमदाबाद, गुजरात में।

चौथा म्यूज़ियम — 'आर्ट और सिनेमा' हैदराबाद दकन में।

फिर क्यों यह चार पर बात आ ठहरी। एक पहेली है शायद, बनाने वाला भी न जानता हो। चार लकीरें खींच दीं, उत्तर से चढ़ी दक्षिण पहुँचीं। पश्चिम से उतरी पूरब जा रुकीं। एक चौकोर जिसमें कई हज़ार रंग उँड़ेले गए। रंगों का मंथन शुरू हुआ। एक तरफ़ सूरज की जलती किरण, अग्नि बाण। दूसरी तरफ चाँद के चेहरे पर लहराता रोशनी का दुपट्टा। यह भड़कती किरण और लहराते दुपट्टे की खेंच तान जैसे सागर मन्थन करते मर्द या औरत, इस मन्थन से उभरे कई जवाहर पारे, कई सूरतें, कई शक्लें वजूद में आईं। 'हरा लिबास लटकाए हाथियों की क़तार', 'घनी झाड़ियों में शेर', 'शाख़ पर बुलबुल', 'तालाब में ग़ोते लगाता, पीनहारिन की बग़ल से फिसला घड़ा'। 'गोद का बच्चा, माँ न जाने कहाँ चली गई'। 'गाँधीजी की डांडी मार्च', 'मकड़ी और लालटेन के बीच खड़ी पाँच औरतें'। एक कैनवस पर पन्द्रह

फीट लम्बी आवाज़ ,'साइक्लोनिक साइलेन्स' यानि तूफ़ानी ख़ामोशी 'वाल्मीकि रामायण, दस श्लोक में सम्पूर्ण'।'इमारत','बयानात', साज़ो सामान , बँधी घड़ी, बँधी मुट्ठी, साईकल की चेन दांतों में अटकी। डिब्बे का खुला ढक्कन। सारी बातें, सारी तस्वीरें म्यूज़ियम के बाहर निकल पड़ीं। लोग घरों से तो निकले पर मोटरों के अन्दर बैठ नहीं सके, क्योंकि चौराहे के ट्रैफ़िक सिगनल का हरा रंग ख़तम हो चुका था। अब चौराहे पर चारों म्यूज़ियम एक दूसरे को देख रहे हैं। सूरज ढलान पर है।

राजस्थानी औरतें लाल घाघरे पहने हैं, हथेलियों पर मेंहदी की इबारत है। उस पर धरे जलते दिए जिन्हें रास्तों पर छोड़ा जा रहा है, कि शहर की नदी बाज़ारों से बह रही है। फिर चार शहरों से बहते बहते यह चारों म्यूज़ियम एक किनारे आ लगे, एक दूसरे को देख रहे हैं। यह देखा देखी चलती रही, रास्ता चलते लोग भी देखने लगे। चारों तरफ़ दीवारें ही दीवारें। दीवारों पर चिपकी ढेर सी तस्वीरों पर नज़र पड़ी, पर पहले फ्रेम लटके नज़र आए, फिर उनमें से झाँकते चेहरे और वक्त से भागते घोड़े।

पेन्टर यार, गिनती के चार

पहला, मड़बड़ोचां का बाल धाबड़ा।
दूसरा, कपड़वंज का तैयब मेहता।
तीसरा, करौलबाग़ का रामकुमार।
चौथा, गिरगाम पतली गली का गायतोण्डे।

बाल धाबड़ा – 1950 में हॉलीवुड से लौटा और एक फ़िल्म बनाई 'दोराहा'। फ़िल्म की कहानी में हिरोइन का दीवाना चाचा माडर्न आर्टिस्ट। बाल की नज़र मक़बूल की पेन्टिंग पर पड़ी, उस में वही दीवानगी मिली जिसे वह फ़िल्माना चाहता है। मक़बूल की कई पेन्टिंग फ़िल्म सेट पर इस्तेमाल की गई। उस दिन से मक़बूल और बाल एक दूसरे के क़रीब आ गए और आज तक ऐसे मिल बैठे हैं, जैसे दीवाने दो। बाल की सिर्फ़ एक ही फ़िल्म ने बॉक्स ऑफिस की कमर तोड़ कर रख दी। एक और फ़िल्म

की स्क्रिप्ट 'अगर मगर' जेब में लिए फिरता रहा कि कोई फाइनेन्सर मिल जाए, मगर होटल के बार पर मिली एक 'पोपड़ी' (बाल का बनाया हुआ लफ़्ज़ हर लड़की के लिए)। फ़ौरन उसका एक स्कैच बनाया, हुसैन को दिखाया। इस तरह रोज़ाना कोई न कोई पोपड़ी का नक्शा काग़ज़ पर उतरने लगा। पेन्टिंग शुरू कर दी, करता ही गया, पच्चीस साल तक कोई नुमाइश नहीं। आर्ट की तारीख़ में यह अनोखी बात, वरना आज का पेन्टर दो पेन्टिंग बनाते ही दौड़ता है आर्ट गैलरी के बाज़ार की तरफ़ और फिर एम॰ एफ़॰ जैसा बाल का साथी, जो शोमैनशिप का उस्ताद।

बाल की एक और आदत कि वह अपनी बिना ख़तम की पेन्टिंग कभी किसी को नहीं दिखाता, सँभाल कर परदे में नाबालिग़ लड़की की तरह छुपाए रखता। उसकी हर पेन्टिग किसी न किसी पोपड़ी के ख़ूबसूरत जिस्म से शुरू होती, मगर बाल इस ख़ूबी से कैनवस पर चन्द रंगों के पारदर्शी परदों में ग़ायब कर देता, कि देखने वाला दूर से यह कह दे, "मड़बड़ोचां का बाल घाबड़ा।"

बाल के इस चलन को आर्ट की ज़ुबान में कहा जाए 'काम्बीनेशन ऑफ अनटयूटर्ड लाइन्स एण्ड सोफ़िसटीकेटेड कलर स्पेस' और यह तरीक़ा आज कल के चन्द आर्टिस्ट में नक़ली पाया जाता है, जान बूझ कर ऐसा पेन्ट करना जो जंगली दिखाई दे। इस आर्ट फ़ॉर्म को हुसैन ने एक नाम दिया है 'सूडो इल्लीटरेट आर्ट'।

'भोलाभाई देसाई सेन्टर बंबई' जिसे उनकी बीवी माधुरी देसाई ने अपने शौहर की याद में क़ायम किया, एक अनोखा 'कल्चर सेन्टर' जहाँ गायतोण्डे और हुसेन के स्टूडियो, इब्राहीम अलकाज़ी का थियेटर वर्कशॉप, रविशंकर के रियाज़ का कमरा, वहीदा रहमान फिल्म एक्ट्रेस की डांस प्रेक्टिस, यहीं बाल छाबड़ा अपनी एक आर्ट गैलरी ''51' के नाम से खोलता है।

पहला तारीख़ी ग्रुप शो, उसमें पेरिस के सैयद हैदर रज़ा के साथ गायतोण्डे, कृष्ण खन्ना, अकबर पद्मसी, तैयब मेहता, एम॰ एफ़॰ हुसेन वग़ैरह शरीक। उसी रात बाल के घर 'तॉमे वलीमा' (पार्टी) जहाँ एम॰ एफ़॰ इस नुमाइशी मिलन पर गीत की तरह एक सेहरा पढ़ कर सुनाता है।

'आज यह क्या हो गया
पैसा खोटा हो गया
जूता बाटा हो गया
लोटा उल्टा हो गया
आज यह क्या हो गया'

एक साल के अन्दर ही बाल छाबड़ा, एक दिन सुबह अपने हाथों गैलरी को तोड़ फोड़ बाहर फेंक देता है, वजह सेन्टर का नामाकूल मैनेजर। बाल कहाँ बंबई की फ़िल्म इन्डस्ट्री से घिरा, शार्क स्किन का सफेद सूट, कनवर्टेबल शेवरलेट और शिफ़ोन में लहलहाती फ़िल्मस्टार्स, चकाचौंध करती फ़िल्म प्रीमियर की रातें। आज यह सब कुछ छोड़ छाड़ कर बाल छाबड़ा घूम रहा है, चंद सिर फिरे झोले वाले पेन्टर्स के साथ।

दो कुर्सी, एक टेबल, उस पर रखी एक बोतल, गिलास गुम, हवास गुम लेकिन कैनवस पर रंगों का जोश, ख्यालों का हुजूम, बाल का घर दर्शन अपार्टमेंट, सातवीं मंजिल। यहाँ हिन्दुस्तान के आठ दस आर्टिस्ट एक दूसरे के आर्ट की दूरी दूर करने न जाने कहाँ कहाँ से चले आते। बाल सबकी सुनता और फिर कह देता 'फ़टाँग' (यह भी बाल का अपना बनाया हुआ कई मायने वाला शब्द), जिसके कहने पर बहस पर कुर्सियाँ नहीं उछलतीं, चाहे कैनवस पर दूरियाँ रहें, दिल की दूरियाँ नहीं रहतीं।

तैयब मेहता – 'जे जे स्कूल ऑफ़ आर्ट' के क़ाबिल प्रोफ़ेसर। एस. पालसीकर की तारीख़ी पेन्टिंग 'सिनर्स डिवाइन' की सतह से उठा, लंदन पहुँचा, वहाँ के फ्रांसिस बेकन के 'डिप्टिच' और 'ट्रिप्टिच' कैनवस पर तन्हा, शून्य में जकड़े लोगों से मिला फिर उसी शहर के अस्पताल के 'मोर्ग' (शवगृह) में इन्सानी जिस्मों के ढेर को जमाया।

रंग उड़ा हुआ, हाल परेशान, हिन्दुस्तान वापिस लौटा। दिल्ली की तंग गली के किनारे जो निज़ामुद्दीन बस्ती से गुज़रती है, अपने इने गिने कैनवस को खींच तान खड़ा किया, उस पर आन गिरे 'फ़ॉलिंग फ़िगर्स'। कुछ अर्से बाद एक ख़ामोश धमाके से तैयब की 'पेन्टेड बॉडीज़' के बीच एक दरार दिखाई दी और कैनवस फ़ट पड़ा। 'डाइगनल' की तेज़ धार से चीख़ पैदा हुई, कलकत्ते की काली का बदन नीला पड़ गया।

हर शहर में एक ख़ाली मकान, न कोई दरवाज़ा न खिड़की, अन्दर कोई जा नहीं सकता, अगर कोई अन्दर है तो उसकी आवाज़ बैठ चुकी है। निज़ामुद्दीन बस्ती की खुली नालियों को शिकायत है कि कागज़ की नाव इसी तंग गली के मोड़ पर क्यों उलट कर रह गई, जहाँ तैयब मेहता रहा करता था।

आज कल तैयब बंबई जूहू बीच पर ठहरा हुआ है। मौजों के थपेड़े, मछलीमारों की रेत में धँसी किश्तियाँ, तीसरी मंजिल पर कमरा, अन्दर तीन चार कैनवस और कुछ रंगों के टुकड़े।

रामकुमार – दिल्ली युनिवर्सिटी से 'इकोनोमिक्स' करने के बाद पेरिस चले गए। ज़ाहिर है पहले पहल उनके कैनवस पर नौकरी तलाश करते नौजवान ग्रैजुएट और 'काफ़का' के मायूस चेहरे नज़र आए। दूर तक नाउम्मीद खिड़कियाँ दरवाज़े, बेरंग आसमानी चादर ओढ़े थकी ज़मीन, शहर का सन्नाटा।

1960 के शुरू में रामकुमार बनारस पहुँचे, अकेले नहीं हुसेन साथ हैं। दो पेन्टर, दो ब्रश। एक ब्रश बेचैन, गंगा की मौजों से खेलता, दूसरे में ठहराव, बनारस घाट की सदियों पुरानी समाधि।

गुदौलिया पर प्रेमचन्द की पुरानी हवेली की खिड़की से राम और हुसेन लौटती गायों के झुंड को देखा

करते उनका पीछा करती मलमल की तरह हवा में उड़ती धूल की चादर। गायों के गले बँधी छोटी बड़ी घंटियों की आवाज़ जैसे संध्या का पूजा पाठ। रात गए कमरे की सफ़ेद चूने से लिपी पुती दीवारों पर प्रेमचन्द की कहानियाँ जाग उठतीं। राम उसे पढ़ पढ़ कर हुसेन को सुनाता रहता और हुसेन सारी रात उन कहानियों के किरदार (चरित्रों) को शकल देता रहता।

हुसेन तो बनारस पन्द्रह दिन से ज़्यादा ठहर नहीं सके, राम बरसों अपने बनारस से बातचीत करते रहे। उस शहर में कई और शहर बसाए और कई रास्तों को

ले गए दूर, कोसों दूर, जहाँ एक ठहरा मुक़ाम है, कोई साइन-बोर्ड नहीं कि पहचान सको, कोई मील का पत्थर नहीं कि फ़ासला नाप सको। धूप नहीं कि रंग भड़क उठें, बस सुबह बनारस की कोमल रोशनी में दबी जलन, उजियाली शाम के एकान्त में ज़मीन और आसमान का मिलन। अमन और चैन के दो या तीन रंग। यह हैं सम्पूर्ण रामकुमार, किफ़ायत शेआर।

गायतोण्डे— बंबई की एक चॉल में बैठा छोटे छोटे वाटर कलर, एक्सरसाइज़ बुक में बनाए जा रहा है। न किसी

को दिखाने का शौक, न 'वन मैन शो'। यह भी तैयब मेहता की तरह बहुत जल्द, पालसीकर की 'सिनर डिवाइन' से बाहर निकला। 'फ़िगरेटिव' पेन्टिंग को त्याग देता है। कृष्णामूर्ती की आवाज़ कुछ मुद्दत तक उसके कानों में गूंजती रही। सारी बंदिशे तोड़ दीं, आर्ट पर न कभी बहस, न इज़हारे ख़्याल। ख़्याल और अमल में कोई जोड़ नहीं चाहा। ख़्याल अपनी जगह, अमल और हरकत अपनी जगह। जां पॉल सार्त्र का 'एक्ज़ीस्टेनशलिज़्म' कुछ देर गायतोण्डे के घर मेहमान रहा लेकिन ख़ुद सारत्रे ही ने अपनी ज़िन्दगी में अपने ही फ़लसफ़े से इनकार कर दिया शायद उसने दूसरों से सवालात नहीं किए और कोई खुद से क्या पूछे।

उन दिनो मक़बूल और गायतोण्डे अकसर कॉफ़ी शॉप में घंटों खामोश बैठे रहते, न गाय को सवाल करने की आदत न मक़बूल के पास कोई जवाब। यह भी नहीं मालूम कि दोनों मराठी फ़िल्म साथ देखने क्यों जाया करते। एक दिन अलकाज़ी के थिएटर ग्रुप का एक ग्रीक नाटक 'एनटीगोनी' साथ देखने चले गए, उसके बाद उस कॉफ़ी टेबल पर 'एनटीगोनी' की नायिका भी साथ है। दो चार लफ्ज़ों में दो और बढ़े लेकिन जुमला हमेशा अधूरा रहा। गाय के अलफ़ाज़ कम हुए और धीरे धीरे पेन्टिंग से पहचानी शकल भी जाती रही। यह कहा जाए कि गायतोण्डे ने अपने साथ समझौता कर लिया यानि गायतोण्डे अब अपने अन्दर के कमरे में बैठा है। कला कैनवस पर नहीं, कलाकार के अन्दर जा बसी है।

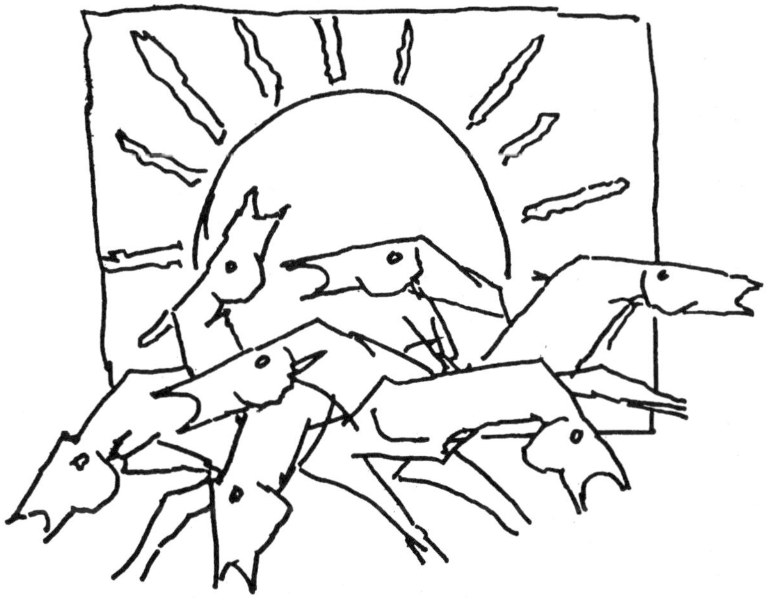

बॉब ब्लेकबर्न की वर्कशाप

न्यूयार्क 1980- यह बॉब ब्लेकबर्न की मशहूर ग्राफ़िक वर्कशाप है। दुनिया के कोने कोने से आर्टिस्ट चले आते हैं और अपने अपने ग्राफ़िक बना कर ले जाते हैं। सारी सहूलियतें एडिशन की, प्रिंटिंग के लिए टेक्नीकल स्टाफ़ की मदद। जगह खुली और बड़ी मगर उससे ज्यादा बॉब का हौसला और दिल बड़ा। एक बहुत अच्छा इन्सान और दोस्त एक बार उसके वर्कशॉप में दाख़िल हों तो ज़िन्दगी और आर्ट का एक अजीब रिश्ता क़ायम हो जाता है।

यही वजह है कि हुसेन कोई दस बारह साल से जब भी न्यूयॉर्क आता रहा, बॉब के साथ 'ग्राफ़िक

तजुर्बे' करता रहा, हॉलाकि हुसेन 'ग्राफ़िक हाईटेक' टेकनीक से कोसों दूर लेकिन अगर बॉब जैसी शख़्सियत मिल जाए तो पत्थर और मेटेल के सीनों को कुरेदना शुरू कर दे। सोनल जैसी नाज़ुक लड़की हो तो सोफ़्टवियर का माउस हरकत में आ जाए और कमप्यूटर आर्ट के ब्लोअप कैनवस पर उतर आएँ।

जीन और फ्रेनी पेरिस के 'बुलवार्ड' पर मिल जाएं तो चाँदी के परदे पर हुसेन की पहली फ़िल्म का अकेला जूता, गाय, छतरी, लालटेन के साथ चलने लगे। यानि सारा क़िस्सा, कौन शख़्स, किस मुक़ाम और वक़्त पर ठहरा। लीथोग्राफ़ी न होती अगर बॉब ब्लैकबर्न न मिलता। कमप्यूटर पेन्टिंग न होती अगर सोनल न होती। फ़िल्म न बनती अगर राजस्थान का जैसलमेर न होता, वग़ैरह वग़ैरह।

पहले एक छोटा सा किस्सा लीथोग्राफ़ी का, आज से चालीस साल पहले की बात है। बंबई के एक छोटे से कमर्शियल प्रिंटिंग प्रेस में चार आर्टिस्ट रामकुमार, तैयब मेहता, गायतोण्डे और हुसेन, लीथोग्राफ़ी पर काम करने लगे। इसका इन्तज़ाम रॉकफ़ेलर के टॉम कीन ने किया। ग्राफ़िक ग्रुप का नाम 'शिलालेख' रखा। दिल्ली, बंबई में नुमाइश, पच्छत्तर का लिमिटेड एडीशन। दस्तख़त और सर्टिफ़िकेट के साथ केवल रुपए पच्चीस का एक ग्राफ़िक, मगर मजाल किसी की, कि कोई ख़रीद सके। उस वक़्त हिन्दुस्तानी ख़रीदारों ने कहा कि यह तो कागज़ पर छपा हुआ है, शायद आर्ट का पोस्टर हो। हो सकता है फाड़ कर फेंक दिया जाए।

ग्राफ़िक आर्ट की कहानी यूँही एक ज़माने तक चलती रही। कुछ साल पहले इस आर्ट के माहिर देवराज, हुसेन से दिल्ली में मिले वह भी बॉब ब्लैकबर्न के छोटे भाई लगे। उनके साथ ग्राफ़िक पर फिर से काम करने का जी चाहा। पुरानी दिल्ली की एक मामूली प्रिंटिंग प्रेस में काम करना शुरू किया।

अब इत्तफ़ाक देखिए, वही देवराज कोई दो साल के लिए न्यूयार्क पहुँचे और बॉब ब्लैकबर्न की वर्कशॉप के सिवा कहाँ जाते।

हुसेन के चंद लीथोग्राफ़ तीन चार साल से अधूरे पड़े हुए थे। देवराज ने एक जापानी टेकनीक 'शिन कोले' की तरफ़ इशारा किया, यानि रंग बिरंगे 'राइस पेपर' लीथो स्टोन पर लगा दो, जिस पर पहले ही से काली इंक से इमेज बना हुआ हो। एक ही वक्त में दो तीन रंग के राइस पेपर और एक ही 'पुल' में तीन चार रंग का लीथो। लीथो के 'पुल' निकलते चले। 'शेरे यज़दाँ' (खुदा का शेर) और कर्बला के घोड़े मैदाने कारसाज़ में उतर पड़े।

एक इटालियन ओपेरा

पहला सीन -

फ़ेडरेको फ़िलीनी का 'ला स्त्रादा', सड़क छाप नौटंकी तमाशा। लोगों की भीड़, 'विया आपिया अन्तिका' रोम शहर की सबसे पुरानी ऐतिहासिक सड़क। यहीं से गुज़रते हैं मशहूर फ़िल्म डाइरेक्टर डासिका, अपनी बाईसिकल पर सवार। तमाशे की हिरोइन मासिमा गलीना के एक्ट को देखने डासिका अपनी सवारी से उतर पड़े। भीड़ में ऐसे खोए कि उनकी बाईसिकल चोरी हो गई। महीनों पैदल रोम के चक्कर लगाते रहे। इत्तफ़ाक से रोबर्टो रोसीलीनी से मुठभेड़ हो गई, जो इन दिनों हॉलीवुड फ़िल्म स्टार इनग्रीड बर्गमैन और बंगाली स्क्रिप्ट गर्ल सोनाली के दरमियान रेसट्रैक पर फ़रारी दौड़ा रहे थे। बिल्कुल 'ग्रैन्ड प्रिक्स' का मंज़र। आख़िर बंगाली जादू चलना ही था, सोनाली रोसीलीनी के 'विला' में बिठा दी गई। बिचारी इनग्रिड बर्गमैन पेरिस के एक थिएटर 'प्लेहाउज़' में 'टी एण्ड सिमपेथी' में चाय पिलाती रह गई।

इसी सड़क के एक दोराहे पर फ़िल्म निर्देशक अनतोनियो और एकट्रेस वनीसा रेडग्रेव बिना गेंद के टेनिस खेल रहे हैं, जैसे टेनिस बेले डान्स और देखने वालों की कमी नहीं। रास्ता रुका हुआ। अचानक कुछ लोग रास्ता

छोड़ पास की अँधियारी गली की तरफ भागे। ऐतिहासिक 'काता कोम्ब' की दीवारों को फाँद कर ज़मीन की गहराई में छिपे तहखाने का ताला तोड़ा, तो क्या देखते हैं पाउलो पस्सोलीनी (इटालियन फ़िल्म डाइरेक्टर, पेन्टर और शायर) नंग धड़ंग खड़े हैं। हाथ में रंग भरा ब्रश है, 'जियोतो' के म्यूरियल पर 'मेडोना' की गोद में एक मुन्ना सा बच्चा पेन्ट कर रहे हैं।

तहख़ाने की मेहराब से एक गिरोह सफ़ेद लिबास पहने औरतों का उतरा, हथेलियों में जलती मोमबत्ती रखे। सिले चिपके होंठ, नथनों से गुनगुनाती 'कारा काल्ला' खंडरात में गूँजने लगती है। वहाँ भी तमाशाई घंटों पहले से अपनी सीट पर बैठे हुए हैं। 'ला स्त्रादा' की फ़िल्म अब बाक़ायदा 3D में स्टेज पर दिखाई जाएगी। 'कारा काल्ला' के दीवार और खंडहर हैं लेकिन इसमें एक्ट करने वाले इन्सानी जिसम ज़िन्दा हैं। चलते हैं तो पैरों तले धूल उड़ती है, दौड़ते हैं तो साँस फूलने लगती है।

इन्हीं सफ़ेद गुलफ़ाम औरतों के बीच एक औरत है 'आतिशीफशाँ', एक साक्षात प्रतिमा, माइकल एंजेलो की उँगलियों से संगमरमर की चट्टान से तराशी। हाथ में हज़ारों मोम से जलते शोले भड़के, जब इस पिघलते मोम का लावा अपने बहते लपेट में बस्तियों और शहरों को राख कर छोड़े तो उस औरत का एक ही नाम हो सकता है, वह है, सोफ़िया लोरेन, जिसका सुडौल जिसम खूबसूरती की इन्तहा, अल्बर्टो मोराविया के उपन्यास के पन्नों से फट पड़े, और कार्लो पोन्टी की फ़िल्मों में धमाकाखेज हरकतों से बाज़

न आए। इसी औरत ने जवान मर्दों के सीनों में छोटे छोटे टाइम बॉम्ब कुछ इस तरह छुपा छोड़े कि उमर ढलने के बाद भी होश के परख़चे उड़ते रहे।

सोफ़िया लोरेन और मार्सिल्लो मार्सतिरओनी की मुठभेड़ जब चमकते परदे पर होती है, तो सोफ़िया की कोख सैकड़ों बच्चों की गोद बन जाती है। बरसों गर्म बिस्तर की तनी चादरों में जकड़ी महबूबा बनी रही, एक दिन बिस्तर से बाहर कूद पड़ती है, माँ का आँचल ओढ़े। गीला बदन पर सूख नही पाता, कई दूध पीते बच्चे सोफ़िया के स्तन से चिपके हुए।

दूसरा सीन –

यह इटैलियन क़ौम के 'डोलसी विता' का ज़माना है। मोसोलीनी की जंग से लिपटी हुई फ़िज़ा की कड़वाहट के बाद चाशनी का ज़माना। ज़ाहिर है मक्खियों का मौसम, महामारी फैलने का डर। 'सिसटीन चैपल' की रचनाओं में दरार। 'वेटीकेन' की 'पियेता' पर नापाक हमला, लियोनार्डो दाविन्ची के 'लास्ट सपर' की नुमाइश बंद। लियोनाल वेनतूरी के 'इटैलियन रेनेज़ा' की शानदार तारीख़ से भरी क़लम की बेइज़्ज़ती, एक बरनाड ब्रेनसन नामी आर्ट क्रिटिक ने की, उस पर अपनी मनगढ़ंत राय और सिद्धान्त बनाकर।

रोम की 'विया वेनीतो' के कैफ़े पेरिस में बैठा नौजवान विद्यार्थी हरदेव सिंह दो इटालियन लड़कियों से उनकी मातृभाषा में घुल मिल कर बातें कर रहा है। दो द्रीधया केपीचीनो कॉफ़ी और एक ब्लैक कॉफ़ी टेबल पर हैं। एक लड़की बटुए में से नाख़ून बराबर शीशी निकालती है और हरदेव सिंह से कहती है-"रात आँखों में नींद नहीं आँसू भरे रहे, चंद क़तरे इस शीशी में बंद, तुम्हारी नज़र।"

दूसरी लड़की अपने होठों पर 'मोना-लीसा' की मुस्कुराहट लिपस्टिक से पेन्ट करने की कोशिश में है। हरदेव सिंह का रोमन रोमान्स, शीशी में उतरे चंद क़तरे आँसू, 'मोनालीसा' की नक़ली मुस्कुराहट। इन दोनों विषयों पर आज भी आग़ा हशर काश्मीरी एक अच्छा ख़ासा ओपेरा 'दग़ाबाज़ आशिक' लिख सकते हैं।

रोम शहर के 'स्पैनिश फुटस्टेप्स' पर फूल बेचने वाली क्रिसटीना राह चलते मोहब्बत में डूबे हुए लड़खड़ाते क़दमों की आहट सुन कर टोकरी के फूल गिनना शुरू कर देती है। शाम ढले क्रिसटीना की बेटी मारिया बचे खुचे फूल और माँ को घर पहुँचा देती है। एक इतवार मारिया अपनी नानी से मिलने माँ को लेकर दूर गाँव गई। रास्ते में एक गोथिक चर्च टूटा फूटा 'अलाइड फोरसेस' की बम्बारियों का निशाना, माँ बेटी सुस्ताने चर्च के एक कोने में लेट गए। कुछ देर बाद एक चीख़ सुनाई दी। माँ चौंक उठी, पास में बेटी को टटोला कोई नहीं। टूटी दीवार के उस तरफ से चीख़ सुनाई देती रही। माँ खड़ी हुई, चारों तरफ़ अंधेरा, बेन्च से टकराई। इधर उधर चर्च में बेटी को ढूंढती रही। चीख़ की आवाज़ बंद होते ही, फ़ौजियों के जूतों की आवाज़ दरवाज़े से बाहर जाते सुनाई दी। चर्च के कोने में मारिया का बदन पड़ा मिला मगर सिर्फ अँधेरे से ढँका।

माधुरी

१९९५ जुहू सेंटोर होटल का समुन्द्री किनारा। 'फ़िल्मफ़ेयर अवार्ड' की जगमगाती रात। जया बच्चन और परमेश्वर गोदरेज के साथ एम० एफ़० इस 'टिनसेल टाउन' के शानदार तमाशे में पहुँचे। 'बोलीवुड' की 'लाइम लाइट' पहली बार एम० एफ० पर पड़ी चमक उठे। स्टेज पर बुलाया गया। 'बेस्ट एक्ट्रेस ऑफ दि इयर' का नाम ऐलान करने। लिफ़ाफ़ा खोला, नाम पढ़ा, माधुरी दीक्षित, फिर कुछ देर ख़ामोश, क्योंकि इस नाम की एक्ट्रेस की फ़िल्म एम० एफ़० ने कभी देखी

पंढरपूर की एक औरत
सर पे गठरी
गोद में बच्चा
पांव में घुंघरू
चल रही slow motion में
घाट बनारस
इक सिरे से
दूजे सिरे तक
ना कहीं आना
ना कहीं जाना
पंढरपूर की एक औरत
सर पे गठरी
गोद में बच्चा
पांव में घुंघरू ।
ना कोई आगे
ना कोई पीछे
और यह कैसा गोरखधंधा
नन्दी कुल पीठ
जलता चिराग़
ना अंधेरा
ना उजाला ॥

ही नहीं। हाँ 'धक धक' का बाज़ारी गाना लाउडस्पीकर से कानों में पड़ता रहा है। इन दिनों एम॰ एफ॰ की नज़र सिर्फ़ श्रीदेवी के नाच गाने पर लगी हुई है, फिर भी हिम्मत की एक गहरी साँस भरी और गरज कर कहा "एण्ड दि अवार्ड गोज़ टू, धक धक माधुरी दिक--- शित।" तालियाँ गूँज उठी, माधुरी स्टेज पर आई। एम॰ एफ़॰ के नज़दीक, आर्ट और सिनेमा की एक झलक आर्टिस्ट और मॉडल का क्षण भर का अभिनय, मीडिया की क्लिक क्लिक। लोगों की आँखें माधुरी और मक़बूल पर जम गईं। यह हज़ारों लाखों आँखें आर्ट और सिनेमा की इन दो अनोखी परछाइँयों से आज तक हटी नहीं और ऐसा लगता है बरसों तक हट नहीं पाएँगी, हालाँकि एम॰ एफ़॰ और माधुरी, इस दो मिनिट के अभिनय के बाद एक साल तक मिले नहीं और नाही दोनों को मिलने का ख़्याल तक आया।

आर्ट और सिनेमा को तो एक दिन किसी न किसी मोड़ पर मिलना ही था। आर्ट की उमर 'स्टोन एज' (पाषाण युग) के 'बायसन' और 'बुल' से भी लम्बी है और सिनेमा तो कल की छोरी। एक दिन यह छोरी लाल दुपट्टा लहराती, मटकती बाज़ार से गुज़री। गुनगुनाती चली जा रही है 'दीदी तेरा देवर दीवाना हाय राम कुड़ियों को डाले दाना' अचानक एक पेड़ से बंधे बैल को लाल रंग दिखा। वह अपने बंधन तोड़ लाल दुपट्टे की तरफ लपका। छोरी भाग कर सिनेमाघर के हॉल में गुम हो गई। 'हाउज़ फुल', फ़िल्म का नाम 'हम आपके हैं कौन' एक साल से चल रही है और वही गाना 'दीदी तेरा देवर दीवाना' पर माधुरी का नाच। पाँच क़दम पीछे और कमरतोड़ 'हिप' के झटके। यह पाँच क़दम नाचघर की नायिका

"Gaja Gamin Experience"
(Phase Two)

A GAJA GAMINI EXPERIENCE (PHASE ONE)
STILL PHOTOGRAPHS
PAINTINGS
HUSAIN NARTAKI
MONA LISA
REBORN AS GAJA GAMINI
DEGAS BALLERINA
CYBERGRAPHIC FILM
10 MTS. Vidio Gaja Gamini in PARIS
BY REEMA HUSAIN AND OWAIS
PLACE SAINT GERMAIN DES PRES
PARIS
CAFE LES DEUX MAGOTS
Two hours of Gaja Gamini on the screen.
CINEMA GHAR
JEWELLERY COLLECTION
POSTER ART CINEMA
Cocktail
EXIT
ENTER
SHAKUNTAL IN KERALA JUNGLE
SHAH RUKH
MADHURI
MILLENIUM DANCE
MRIDANGAM NUMBER
BANARAS BALLET
DAL MANDI PANCH KANYA

के नहीं बल्कि मंदिर की देवदासी के।

किसी ने एम० एफ़० से कहा, तुम इस सिनेमाघर की नर्तकी को एक बार देखो तो सही। एम० एफ़० ने नाक, भवें चढ़ाते बड़ी मुश्किल से टिकट लिया। एम० एफ़० की हिन्दी फ़िल्म सिर्फ़ नाच गाने तक। बहुत पहले मुमताज़ का चुलबुलापन और उससे पहले गीता बाली की बाली उमरिया, नाच नचनिया और अभी, अभी तक श्रीदेवी की 'चाँदनी' का ताँडव नृत्य जिसे देखने एम० एफ० ने कोई पन्द्रह बार टिकट कटाया।

अब देखिए, एम० एफ़० का आर्ट किस बुरी तरह फ़िल्म से टकराता है। फ़िल्म 'हम आपके हैं कौन' कोई बड़ी फ़िल्म नहीं, लेकिन इसमें माधुरी एक बहुत बड़ी बात है। और यह बहुत बड़ी बात एम० एफ़० को ऐसी लगी कि हर शाम, हर शहर, हर मुल्क, दुनिया भर में 'हम आपके हैं कौन' के टिकट कटाते रहे। लोग समझे कि एम० एफ़० सिठिया गए हैं। ग़लत, ऐसा होना था तो बीस बरस पहले हुए होते। अख़बारों के कॉलम भरने लगे, कहानियाँ बनने लगीं, अफ़वाहें फैलने लगीं अगर एम० एफ़० तीस के होते और माधुरी बीस की तो आग लग जाती। आग लगे या न लगे लेकिन एम० एफ़० माधुरी को सिलवर स्क्रीन पर महीनों देखते रहे और एक सौ फ़ीट लम्बे कैनवस पर माधुरी से रंगो में बातें करते रहे।

शुरू शुरू में माधुरी से किसी पत्रकार ने पूछा कि यह हुसेन क्या ढोल पीट रहे हैं कि हर पेन्टिंग में

बस माधुरी हैं, कहाँ हैं? चेहरा ही ग़ायब, कोई भी औरत हो सकती है तस्वीरों में। तो माधुरी ने जवाब दिया- "हुसैनजी मेरी पहचान नहीं करा रहें बल्कि मेरा वजूद (अस्तित्व) मनवा रहे हैं।" एक और अजीब बात उन दिनो एम॰ एफ़॰ से पूछा कि माधुरी से क्यों नहीं मिलना चाहते? तो जवाब दिया कि 'स्क्रीन इमेज' से जो मेरी पेन्टिंग में भारतीय नारी का एक रूप उभर कर आया है पता नहीं वास्तविक जीवन में वह है कि नहीं।"

एक दिन माधुरी के यहाँ से बुलावा आया तो उनसे मिलने, घर गया। गया था चाय पर लेकिन सुबह का नाश्ता तो किया और शायद दोपहर के खाने तक बात पहुँच जाती, माधुरी की 'राजा' फ़िल्म की शूटिंग दो घंटा लेट हो चुकी है। चलते चलते एक ऐसी बात छिड़ी जिसने इस आर्ट और सिनेमा के मिलन में जान डाल दी। जैसा कि एम॰ एफ़॰ हुसैन कुछ न कुछ ऐसी हरकत करने से बाज़ नही आते, जिसकी याद देर तक चले, बल्कि हक़ीक़त बन कर सामने आ जाए। एम॰ एफ़॰ की एक आदत हमेशा हाथ में लम्बा ब्रश। अहमदाबाद के सिनेमाघर में 'हम आपके हैं कौन' फ़िल्म एम॰ एफ़॰ दस पन्द्रह कालेज के स्टूडेन्टस के साथ देख रहे हैं। जैसे ही माधुरी स्क्रीन पर आई, एम॰ एफ़॰ ने अपना लम्बा ब्रश स्क्रीन के स्टेज पर फेंका, जैसे फूल चढ़ाया हो। वह ब्रश कुछ दिनो बाद थियेटर के मैनेजर ने एम॰ एफ़॰ को लौटाया और कहा "तुम्ही जब माधुरी को मिलो तो अपने हाथ से पेश कर देना।" वही किया, पहली मुलाक़ात पर जाते वक़्त वही ब्रश माधुरी के हाथों में थमाया तो फ़ौरन

माधुरी ने कहा "हुसेनजी यह ब्रश मेरे पास छोड़े जा रहे हो, देखना एक दिन कहीं मैं पेन्टिंग न करने लग जाऊँ।" एम० एफ़० की हाज़िर जवाबी भी कम नहीं, कहा, "अगर तुम पेन्टिंग करना शुरु करोगी तो मैं भी पीछे रहने वालों में से नही, एक दिन कहीं तुम पर फ़िल्म न बना बैठूँ।"

यह कहा था, सात मई सन् पंचानवे में और दस जुलाई सन् अट्ठानवे में महबूब स्टूडियो में एम० एफ़० की फ़िल्म का मुहूर्त शाट देने खड़ी हैं, माधुरी दीक्षित। एक भारतीय नारी के कई रूप में, प्रेमचन्द्र की निर्मला, टैगोर की अभिसारिका, मन्टो की संधु, कालिदास की शकुन्तला। दालमंडी की नेत्रहीन संगीता, सतारा की नूर बीबी और इक्कीसवीं सदी की मोनिका।

बस 'गजगामिनी' फ़िल्म बन गई, वह भी 'बोलीवुड' के फ़िल्म स्टूडियो में। सब ताज्जुब में। फ़िल्म ख़तम होने पर सबसे पहले यश चोपड़ा का फोन आया और कहा - "बधाई, हो बधाई। बधाई फ़िल्म बनाने की नहीं बल्कि बोलीवुड से सही सलामत बाहर निकलने की।"

जब हुसेन महबूब स्टूडियो से बग़ल में फ़िल्म 'गजगामिनी' के कैन दबाए बाहर निकले तो लोगों की एक भीड़। भीड़ में एम० एफ़० को मक़बूल दिखाई दिया। एम० एफ़० ने पुकारा --

एम० एफ़० — "अरे ओ मक़बूल, तू तो वैसा का वैसा ही, पेन्टर का पेन्टर ही, मुझे देख मेरे आस पास की भीड़।"

मक़बूल —— "देख रहा हूँ, क्या कोई नेता तो नहीं बन गए?"

एम० एफ़० —— "नेता नहीं, अभिनेता ज़रूर बन गया हूँ। लोग मुझे एम० एफ़० के रोल में देखना चाहते हैं, जैसे एम जी आर, एन टी आर या आजकल एस आर के।"

मक़बूल —— "क्या सिलवर स्क्रीन के सुपर स्टार?"

एम० एफ़० —— "नहीं नहीं, सिल्वर स्क्रीन का नहीं, मेरा अभिनय सिल्वर स्क्रीन के दो तीन घंटों वाला नहीं, मेरा रंगमंच विशाल हाई सोसाइटी के भड़कीले रंगवाला, 'नॉन स्टोप रिव्यूह'।"

मक़बूल —— "यानि एक लिहाज़ से शो बिज़नेस, लेकिन यह भूलना नहीं कि तुम्हारे शो बिज़नेस के परदे के पीछे, मक़बूल नाम का एक आर्टिस्ट हमेशा हाथ में एक लम्बा ब्रश लिए बैठा है।"

एम० एफ़० —— "बिल्कुल ठीक मेरे भाई, मैं इस शो बिज़नेस में कब का खो गया होता, अगर तुम मेरे पीछे बैठे, अपने ब्रश से जगाते न रहते।"

मक़बूल —— "यह बग़ल में क्या दबाए हो?"

एम० एफ़० —— "गजगामिनी।"

मक़बूल —— "और माधुरी कहाँ गई।"

एम० एफ़० —— "गई अपनी ससुराल।"

माँ अधूरी

मक़बूल की माँ पंढरपुर के मेले में सिर पर टोकरी उठाए जा रही है। टोकरी ख़ाली नहीं है। उस में छः महीने का बच्चा मक़बूल कपड़े में लिपटा सोया हुआ है। सोए बच्चे को गोद में सम्भालना मुश्किल और फिर मेले की धक्कम- धक्की। किसी एक जगह भीड़ कम देख कर टोकरी सिर से उतार कर ज़मीन पर रखी। कुछ देर वहीं खड़ी रही। इधर उधर देखती रही। उसकी छोटी बहन अभी आई नहीं, देर हो गई, घर में झाड़ू दे रही होगी। मक़बूल की माँ की नज़र सिर्फ़ दो मिनिट ही टोकरी से हटी होगी जैसे ही नीचे टोकरी पर नज़र डाली तो बच्चा ग़ायब। एक चीख़ मारी और चीख़ के साथ माँ की पुकार ख़ामोश हो गई, आँसू सूख गए। हाथ पाँव की हरकत बंद। उसी ख़ाली टोकरी के सामने खड़ी की खड़ी रह गई। दिन गुज़रते चले, महीने साल ठहरे नहीं और अट्ठाइस बरस की माँ अट्ठाइस ही की रही। आगे बढ़ी नहीं लेकिन बेटा टोकरी में से घुटनो के बल निकल कर बरसों नंगे पैर दुनिया भर में फिरता रहा।

अस्सी साल बाद बेटा पंढरपुर अपनी जन्मभूमि से नहीं अपनी मातृभूमि से मिलने पंढरपुर लौटता है। गाँववाले पंडाल खड़ा करते हैं पंढरपुर के लाडले बेटे के स्वागत में। लोगों ने कहा माँ को बुलाओ, माँ कहीं दिखाई नहीं दे रही? तो बेटा लोगों से कहता है कि "मेरी माँ यहीं कहीं किसी दीवार

में छुपी खड़ी है। पहले दूर से अपने बेटे को जी भर कर देखना चाहती है। देख कर यही कह रही होगी, हे देवा मेरा बेटा कितना दुबला हो गया है। माँ को खोने के बाद हो सकता है कभी भूखा ही सो जाता होगा। ध्यान रखे कौन कि उसने भाकरी खाई कि नहीं। मेरे नंगे पैर देख दातों में उंगली डाल कर कह रही होगी कि उसके पैर में चुभे काँटे किसी ने निकाले या नहीं। मेरे सिर पर इतने लम्बे लम्बे बाल देख पर हँस पड़ी होगी कि बरसों किसी ने बालों में कंघी तक नहीं फिराई। पंडाल वालों ने एक साथ मक़बूल से पूछा "तुम्हारी माँ दीवार से क्यों बाहर नहीं आती?" मक़बूल ने जवाब दिया "कैसे आए, बाहर आते शरमा रही होगी। कैसे एक अट्ठाइस साल की माँ अपने अस्सी साल के बेटे के पास खड़ी हो। माँ अपने आप को बेटे के सामने अधूरी समझ रही है। अधूरी माँ।" सारे पंडाल में जमा लोग बोल उठे "इसीलिए बेटा आजकल माधुरी पेन्ट किए जा रहा है। मा अधूरी।"

बॉस्टन का ब्राह्मण

चार चार घंटे 'ध्रुपद' सुनता रहा, महीनों काली घाट की देवियों के दर्शन करता रहा और बरसों भारतीय चित्रकला की आधुनिकता का पुजारी रहा। वह कौन हो सकता है? न जर्मन, न जापानी और न हिन्दुस्तानी। वह है बोस्टन के करीब रहने वाला अमरीकन चेस्टर हार्विट्ज़, भारी भरकम, पेशानी कुशादा (खुली) चौड़ा सीना, भरी तोंद, 'लाफिंग बुद्धा', दिखने में बिना लौरेल का हार्डी मगर अन्दर बैठा एक ब्राह्मण।

1968 में चेस्टर हॉर्विट्ज़ के हाथ न्यूयार्क पब्लिशर हैरी इब्राहिम की एक किताब आती है। इस किताब का नाम 'हुसेन'। इसमें तक़रीबन चालीस बरस की बनाई पेन्टिंग का 'कलेक्शन' जिसे देख कर चेस्टर हॉर्विट्ज़ मक़बूल को ढूंढने हिन्दुस्तान आया। पहले हैदराबाद जाकर बदरीविशाल के 'हुसेन कलेक्शन' को देखा और पूछते पूछते बंबई की पंडोल आर्ट गैलरी पहुँचा। वहाँ वह हुसेन से नहीं मिल सका लेकिन उसे हुसेन की पेन्टिंग 'बर्थ ऑफ ए मैन' मिली जिसे वह अमरीका लेकर चला गया। यहाँ से 'इंडियन माडर्न आर्ट' की 'एन्ट्री' एक अमरीकन 'कलैक्टर' के घर से शुरु होती है और पच्चीस तीस साल के अरसे में इंडियन आर्ट का अम्बार लग जाता है। एक ही घर में छः सात हज़ार हिन्दुस्तानी आर्ट के काम का मजमुआ (ढेर) घर क्या हुआ नेशनल म्यूज़ियम और यह अमरीकन क्या हुआ एक ब्राह्मण। इत्तफ़ाक़ देखिए साठ सत्तर साल पहले एक और ब्राह्मण अपने साथ 'इंडियन मिनिएचर' का बेहतरीन खज़ाना लेकर बोस्टन आया। यह ब्राह्मण अमरीकन नहीं, खुद हमारे मुल्क का डा० कुमारास्वामी।

डाक्टर कुमारास्वामी और चेस्टर हॉर्विट्ज़ को हिन्दुस्तानी तारीख़ कभी भुला नहीं सकती, जिनके 'डेडीकेशन' और लगन ने हिन्दुस्तानी 'आर्ट' और 'कल्चर' को पहली बार अन्तरराष्ट्रीय मंच पर ला खड़ा किया। ज़्यादातर पश्चिमी दुनिया की नज़र 'स्नेक चार्मर', 'नंगे फ़कीर', 'हाथी की सवारी' और 'शेर की खाल' तक

रही। अचम्भा हुआ एक नौजवान राजीव गाँधी आया और देश विदेश हिन्दुस्तानी मेले रचाए। 'फेस्टिवल ऑफ इंडिया' जहाँ सिर्फ़ नाच गाने और रंग की पिचकारी नहीं चलती रही बल्कि साथ साथ 'सांइस' 'टेकनोलजी' और 'माडर्न आर्ट' की झलक भी दिखाई गई। यही वजह कि आज दुनिया के दो मशहूर 'ऑकशन हाऊज़ेज़' 'क्रिस्टी' और 'सोथबीज़' भारतीय समकालीन कला को न्यूयार्क, लंदन में दिखाए जा रहे हैं। आर्ट का बाज़ार गर्म, बढ़ चढ़ कर बोली लगाई जा रही है। क़ीमत से 'आर्ट' की पहचान की जा रही है। 'आर्ट' और 'मार्केटिंग' का मिलन। समय की माँग।

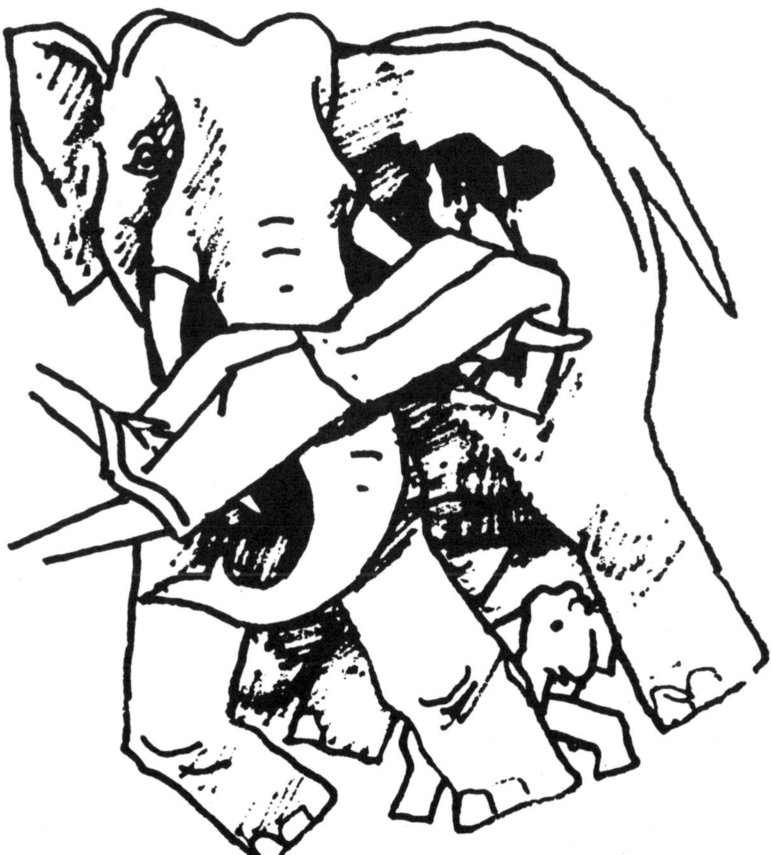

इन्द्र की रानी

पहली हिन्दुस्तानी औरत के सर
मिस इन्डिया का ताज ।
उस औरत की माँ रागिनी देवी ।
अमरीकन । भरत नाट्यम डान्सर ।
स्कॉलर । बाप हिन्दुस्तानी ।
मिस इन्डिया का हुस्न गोराचिट्टा ।
लम्बा क़द । घने काले बाल ।
भँवें गहरी । आँखों में राधा का
प्यार । होंठों पर मीरा की भक्ती ।
पैरों में देवदासी का नृत्य ।
हाथों की मुद्रा बिना कहे सब
कुछ कह जाये ।
दिल्ली का आडिटोरियम ।
7 फरवरी 1952 । मिस इंडिया
का मोहिनी आट्टम । हाउस
फ़ुल । लोग नृत्य से ज़ियादा
नर्तकी देख रहे हैं ।

इसी भीड़ में एम.एफ़ हुसैन अपनी गर्दन ऊँची
किये दिखाई दिये । इन्टरवल के बाद वह सीट
खाली । एम.एफ़ ग़ायब ।
कोई एक साल बाद उसी देवदासी के पैर
चान्दनी चौक के बाज़ार में चलते दिखाई
दिये लेकिन साथ में हैं दो और क़दम ।

और वह क़दम हैं एम. एफ़ के।
चान्दनी चौक का चांदी बाज़ार। गले की हसली, कानों की लटकन, अंगुठे का बिछ्छु. बाज़ु बंद, हाथ का कंगन. एम. एफ़ का सिलेक्शन। ओडिसी डान्स का हिन्दुस्तानी स्टेज पर पहला परफ़ोर्मेन्स।
फिर कई परफ़ोर्मेन्स रोम, पेरिस, न्युयॉर्क के आडिटोरियम में। एक सीट पर एम-एफ़ हमेशा हाज़िर। यह हाज़िरी '53 से '59 तक चलती रही। कभी सीट खाली नहीं रही।
1955 में इस नर्तकी का पोरट्रेट पर्ल व्हाइट और कोबाल्ट ब्लू में पेन्ट किया जिसे देख कर उसकी मां बहुत खुश हुई लेकिन इस आर्ट और नृत्य के मिलन को "ग़ैर" बरदाश्त नहीं कर सके (कई साल बाद माधुरी और मक़बूल के आर्ट और सिनेमा मिलन का एक तजरुबा किया जाता है और वही "ग़ैर" की ना समझी) वह ब्लु डान्सर की पोर्ट्रेट फाड़ डाली गयी।
नर्तकी बरसों इस बरबादी के ग़म को दिल में छुपाए रखा।
नर्तकी न्युयॉर्क लौटी। 1990 का दशक नर्तकी अपने पैरों से घुंघरु उतार चुकी है

लेकिन अपनी आंखों में छिपा वह चालीस
बरस पुराना M.F. का ब्लू पोर्ट्रेट मिटा नहीं सकी और
मक़बूल की तरफ़ देखा -------। मक़बूल ने
फ़िर अपना लम्बा ब्रश उठाया। नर्तकी की आंखों
में आंखें डालकर ब्लू डान्सर का पोर्ट्रेट हूबहू दुबारा
केन्वास पर उतारा।
नर्तकी की शायद यह आखरी तमन्ना थी।
सोचो के एक खामोश कमरे में अकेली M.F. के
इस पोर्ट्रेट के साथ रही। छे सात महिने बाद वह
कमरा खाली हो गया। सारा सामान उठ गया रह
गई सिर्फ़ एक पेन्टिंग दिवार पर लटकती।
हलकी हलकी हवा से डोलती।
मोहिनी आट्टम का आखरी परफ़ॉर्मन्स।

LONG LIVE INDRANI REHMAN

बंम्बई का भूलाभाई आर्ट सेन्टर

आज यह बात किसी से कही जाये के एक ऐसी जगह थी जहां पंडित रविशंकर के सितार के सुर ठीक करने की आवाज़ --- ईब्राहीम अलकाज़ी के थियेटर ग्रुप का रिहर्सल ---- वहीदा रहमान के घुंघरू की छुन छुन --- पेन्टर गायतोंडे के केन्वास पर खामोश उभरते रंग --- हुसेन के लम्बे ब्रश से निकलता सरस्वती का रूप ---- और बाल छाबड़ा की गेलरी 59. पेन्टर्स की अपनी गेलरी । कोई मान ही नहीं सकता और ऐसा कहीं हुआ नहीं कि एक जगह एक छत के नीचे एक साथ बैठ कर अपने अपने creation में दिन रात लगे हों। और आजकल तो ईन जैसे लोगों को जमा कर के एक ग्रुप फ़ोटो लेना भी मुशकिल ।

लेकिन बंम्बई के भुलाभाई रोड पर ऐसा एक अनोखा वाक़िआ हुआ । एक इतिहास लिखा गया ।

बीसवीं सदी के हिन्दुस्तानी कलचर का एक अनोखा नज़रिया जो अपनी ज़ात में बिलकुल (SECULAR) सेकुलर जहां संगीत, नृत्य, नाटक, चित्र कला और उसकी गेलरी एक ही रंगमंच पर --- एक किस्म का तारीखी कलचरल धमाका 1950 के शुरू में किया गया । उस समय शायद किसी को सुनाई नहीं दिया लेकिन इन पचास

सालों में इस न्युक्लियाइ कला के स्फ़ोट का फ़ालआउट सारे देस तो क्या परदेस में भी फैल गया। ज़मीन चाहे जितनी हदबंदी करले... LOC बनाले, ऊपर आसमान खुला। कोइ इस ताक़त को रोक नहीं सकता... कोइ रविशंकर के अलाप को रोक सका जो पश्चिम से पूरब तक छा गया... कोई अलकाज़ी के ज़रीये हिन्दुस्तानी स्टेज पर अठारवीं सदी का परदा डाल सका?... वहीदा रहमान के घुंघरु से निकलती झनकार को विलायती जुतों के टेप डान्स में बदल सका?... कोई गायतोंडे और हुसेन के रंगों में अमरिकन Andi Warhol के बाज़ारी मसाले और तरीक़े मिला सका?.... कोई गेलरी '59' की मिसाल बना सका? हालांके इन चन्द सरफ़िरों को समय ने छे सात साल से ज़्यादा साथ रहने नहीं दिया।

एक दिन ऐसा हुआ के भुलाभाई सेन्टर की मालकिन माधुरी देसाई को भुला फुसलाकर उसका चालाक मैनेजर बाटलीवाला (खाली बाटली बेचनेवाला) भुलाभाई सेन्टर को नीलाम करवा देता है और इस बड़ी रक़म से कमरशियल मल्टी स्टोरी कामप्लेक्स बनवाकर एक नाचते गाते खूबसूरत घर को उसके नीचे ज़मीन में दफ़न कर देता है। वह बाटलीवाला घर

तो तबाह कर गया मगर वह चार पांच सरफ़िरे लोगों की हिम्मत को नहीं तोड़ सका।

असल में हिन्दुस्तानी secular कल्चर की बुन्याद बम्बई के रामपार्ट रो में डाली गई।

1940 का ज़माना। उसी गली में चेतना सेन्टर जहां रामा राव, मुल्कराज आनन्द के नावल बॉबी पदमसी poetry अलक़ाज़ी का प्ले रीडिंग, पेन्टर आरा, रज़ा और सूज़ा का आर्ट सेलों जहां Rudy von Leyden जर्मन आर्ट क्रिटिक से मिल-कर (PROGRESSIVE ART GROUP) प्रोग्रेस्सिव आर्ट ग्रुप का जन्म होता है

मक़बूल वहीं उसी गली रामपार्ट रो के नुक्कड़ Wayside Inn के पास एक केले बेचनेवाली का पेन्टिंग बनाता है। गली से गुज़रते लोगों को पता है वह केले नहीं बेच रही लेकिन मकबूल का Banana Seller उस गली में बिक जाता है।

एक अजनबी कस्टमर
ने मक़बूल से पूछा :-
वह केलेवाली कहां गई
मक़बूल :- मैं क्या जानूं
मैं केले नहीं बेचता
उसकी पेन्टिंग बेचता हूं।

चौंतीस पेन्टिंग्स की भेंट

जून 1954 में मक़बूल पहुँचता है शहर प्राग, अपनी चौंतीस पेन्टिंग्स का पिटारा लेकर। नुमाइश की तैय्यारियाँ। मारिया ज़रकोवा, एक सलोवाक ख़ूबसूरत लड़की मक़बूल की इंटरप्रेटर बनी। चैक ज़बान से अंग्रेज़ी। मक़बूल की हिन्दी-अंग्रेज़ी मारिया को पसंद आई लेकिन पेन्टिंग की ज़बान दिल में उतर गई। अब मक़बूल मारिया के इस दिल को क्या करे जिसमें सारी चौंतीस की चौंतीस पेन्टिंग्स घर कर गई हों। दूसरे दिन नुमाइश का उद्‌घाटन। इससे पहले कि 'सोल्ड' की लाल बिंदिया पेन्टिंग पर लगे, मक़बूल भरे मजमे में ऊँची आवाज़ से ऐलान करता है कि "यह नुमाइश 'नॉट फ़ोर सेल'!" सारे ख़रीदार निराश। फ़ौरन दूसरा ऐलान- "यह मेरी पूरी नुमाइश मारिया के नाम।" हॉल में तालियाँ। मारिया परेशान। आगे बढ़कर मक़बूल के कान में कहा- "मैक यू आर ए क्लाउन।"

उस रात देर तक प्राग के मशहूर कार्ल ब्रिज को कई बार पार किया। काफ़्का की गली से कई बार गुज़रे। उल्तावा नदी के बहते पानी में जूते उतार कर कुछ देर पैर चलाते रहे। चलते चलते मारिया ने कहा "मैक यह तुम्हारा होटल ऐफरोन। मक़बूल ने कहा "और तुम मारिया, अकेली जाओगी? आधी रात ट्राम बंद।" मारिया बोली "मेरे घर का रास्ता मुझे मालूम है।" मक़बूल ने कहा "तुम्हारे घर

का रास्ता मुझे बताओगी नहीं?" मारिया बोली "क्या मुझे छोड़ने आना चाहते हो?" मक़बूल ने कहा "छोड़ने नहीं पहुँचाने" मारिया बोली "जानते हो मैं एक 'नंनरी' के होस्टल में रहती हूँ। गेट तक पहुँचा सकते हो।" हर रात मक़बूल 'नंनरी' के दरवाज़े तक मारिया को पहुँचाता रहा। फिर क्या होता है कोई यक़ीन नहीं कर सकता। वही जून का महीना लेकिन सन् २००२ एम० एफ० अपनी फ़िल्म यूनिट के साथ उसी ऊँचे 'नंनरी' के बंद दरवाज़े के सामने कैमरा लगाता है, शॉट की तैय्यारी में। फिर फ़िल्म डाइरेक्टर की कुर्सी में बैठे हुए उसने 'माइक' से आवाज़ लगाई "साइलैंस, कैमरा रौलिंग-- एक्शन।" मारिया के रोल में बॉलीवुड की स्टार ऐक्टरेस तब्बू जैसे ही 'नंनरी' के गेट के पास पहुँचती है, एम० एफ० की आवाज़ -"कट।" एम० एफ० उसी शॉट के कई टेक के दरमियान असली मारिया ज़रकोवा को मोबाइल पर मैलबर्न, आस्ट्रेलिया फोन लगाता है, पहले ही शॉट में मारिया लाइन पर।---

Maria — Yes. who is there?

M. F. — Hello-Hello-Hi, Maria This is Husain here in Parag. Right infront of your old nunnery gate.

Maria — Hi, Maq. I cannot believe you - you in my beloved city Parag. Maq I am sure you are not alone.

M. F. — No. No, not alone. I am with your 'Double' here recreating the Maria 1956.

Maria — Maq. You are always a clown.

आखिर में ------ दो क़दम और।

यह पंढरपुर का लड़का इन्दौर जाकर मक़बूल पेन्टर बना। बम्बई ने उसे एम.एफ़. हुसेन आर्टिस्ट का खिताब दिया। दिल्ली ने पद्म भूषन से विभूषण की शाल पहनाई-Mysore और बनारस हिन्दू युनिवरसिटी ने D.Lit की डिग्री चिपका दी। जब बर्लिन अपनी फ़िल्म लेकर गया तो उस के पीछे गोल्डन (Bear) भालू लगा दिया।

मक़बूल बचपन ही से अपने ख़याली घोड़े दौड़ाने का शौकीन। उसे बम्बई का रेसकोर्स तो नहीं मिला मगर आलीशान दिवान खानों की दीवारें बहुत मिलीं बस एम.एफ़ हुसेन ने अपने घोड़े उन दीवारों पर बेतहाशा दौड़ा दिये। यह रेस कोई चूहों कि रेस नहीं के बिल्ली के डर से दुम दबाकर भाग जायें। यह दौड़ शहसवारों की दौड़ है। डर किस का? गिरने का? नहीं।

"गिरते हैं शहसवार ही मैदाने जंग में।
वह तिफ़्ल क्या गिरेगा जो घुटनों के बल चले"

बेशक बम्बई की पहली दौड़ में M.F. ऐसे मुंह के बल गिरे कि अठारा साल तक अपने घोड़े पर चढ़ नहीं पाये। हार नहीं मानी। 1947 में मौक़ा मिलते ही मक़बूल छलांग मारकर घोड़े पर चढ़ बैठा और ऐसी एक एड़ लगाई कि घोड़ा कहीं रुका ही नहीं।

---- "न हाथ में लगाम न पा रकाब में"
ठीक है हाथ में लगाम नहीं लेकिन पैरों की एड़ से घोड़े का रुख बदला जा सकता है भले रोका न जा सके। पिछले पचास सालों में दुनिया छान मारी लोगों की छानबीन में लगे रहे। हज़ारों से मिले लेकिन कुछ अच्छे इनसानों का साथ नहीं छोड़ा चाहे वह दुनिया के किसी कोने में हों

M.F. से किसी ने पूछा वह कौन और कहां कहां जवाब दिया:— अगर मैं उन शख्सीयतों के नाम गिनाना शुरु करूं तो एसा लगेगा कि मैं Name dropping या अपनी बड़ाई जता रहा हूं। आप बीती लिखने में यही एक बड़ी कमी है। अपने मुंह अपनी बातें नहीं कर सकते जो थोड़ी बहोत अच्छी हों जैसे मोहब्बत की बात ----- "इक लफ़ज़े मोहब्बत का इतना सा फ़साना है
सिमटे तो दिले आशिक़ फैले तो ज़माना है"

M.F. का अभी ज़माना खत्म नहीं हुआ और हो यह रहा है कि वह एक साथ तीन तीन ज़मानों में घिरा हुआ है। पहला हुस्न और इश्क़, दुसरा आर्ट और फ़िल्म, तीसरा ग़मे रोज़गार। तीनों जमानों के अलग अलग CODE हैं।

इश्क़ और हुस्न	आर्ट और फ़िल्म	ग़मे रोज़गार
↓	↓	↓
(म.क.स.इ.)	($M^2+V=GG$)	($E=Mc^2$)
हुस्न बेपरदा इश्क़ पोशीदा	आर्ट बे आवाज़ फ़िल्म परछाई	De-coded Detonated

यह M.F. हुसेन की कहानी नहीं एक वक्त की ज़ुबानी है। यहां समय बोल रहा है और इस छोटे से वक़्फ़े के दौरान कुछ लोग मिले कुछ बातें हुईं।
कोई तो हो जो लोगों से मिले। कोई तो हो जो उन की बातें सुने। मिलने का शौक़ और सुनने की आदत वह मक़बूल में कूट कूट कर भरी है।
मिलने का मुआमला इतना आसान नहीं। कैसे कैसे लोग हैं। खुद अपने घरवाले, दिल वाले। पास पड़ोसी महल्ले वाले, जानने वाले। शहर और मुल्क वाले, दूर से देखने वाले। फिर दुनिया जहान वाले। मक़बूल की आवारगी ने दुनिया जहान घुमाया। शौक और बढ़ता ही गया। आज अठ्ठास्सी बरस के क़रीब, मिलने की हवस वही बाक़ी।
क्या मां की गोद बचपन से छिन जाने पर पालना भी न रहा जिसे कोई यशोदा माई झुलाये।
मां की गुनगुनाती नींद को बुलाती लोरी कहां।
मक़बूल के कानों में तो सिर्फ़ एक ही आवाज़ गूंजती रही "जागते रहो---जागते रहो"।
यह जागरण जारी है। यह marathon मीलों का सफ़र जारी। केन्वास पर रंगों की भरमार। आर्ट गैलरी का गरम बाज़ार। International auction house का सूपर स्टार। बॉलिवुड की अपसराओं का परस्तार लेकिन एलोरा अजंता की देवियों के चरन छूने के बाद।

सारी उम्र काटी हुस्न के बाज़ार में। वह हुस्न का सौदा करने नहीं गया, हुस्न बांटने गया। ईस हुस्न के बाज़ार में हुसेन की आवभगत से कई नासमझ लोग हसद की आग में जलने लगे। ताने तिशने, यहां तक तीर कमान खिंच गये।

यह जलन क्यूं? आज के M.F हुसेन को देखकर? मुड़ के कल के मक़बूल को देखा है? जो प्लेहाउस के हुसेनी खिचड़ी वाले ढाबे में पांच पैसे की खिचड़ी पर दाल या कढ़ी मुफ़्त डलवाने खड़ा रहता था। दो आने की सिनेमा टिकट के लिये दो घंटे लाईन में। कई महीनों बीस बीस फ़ीट लम्बे फ़िल्मी हीरोइनों के होर्डिंग सीढ़ियों पर चढ़ के पेन्ट करना। ग्रान्ट रोड़ की उसी गली की एक चाल में रहती बूढ़ी बेवा की बेटी फ़ज़ीला से बियाह पर पांच दस रास्ता चलते बराती उसी रात कल्लु मियां विकटोरिया चलाने का गराज खाली किया और एक पोस्टमैन दोस्त ने सुहाग रात मनाने मक़बूल को अपने दो कमरों में से एक कमरा भेंट में दे दिया ------ यह फ़िल्मी स्क्रिप्ट नहीं यह असली सीन है। मक़बूल के ज़िंदगी का एक हिस्सा। जिसे लोग नहीं जानते वह तो आजके एम.एफ़ हुसेन को जानते हैं जिस पर भड़की लाईम लाईट है।